Excel 97

ACCESO *RAPIDO*

Anja Hinz

Excel 97

marcombo
BOIXAREU EDITORES

Título de la obra original:
Schnell Anleitung Excel 97
Copyright: © 1998 by DATA BECKER & Co. KG 40223 Düsseldorf

Coordinador del libro:	José Antonio Juncar
Traducción:	Laura Fontana
Revisión Técnica:	Adverba, S.C.P.
Ilustraciones:	Adverba, S.C.P.
Maquetación:	Jorge Pereira Capelli

ISBN: 84-267-1183-9
ISBN: 3-8158-1180-5, DATA BECKER, edición original
Depósito Legal: B-48.777-98
Impreso en España
Printed in Spain
Filmación: Kikero S.L.
Impresión: Forma Color, S.A., Pedro IV, 12 – 08005 BARCELONA

NOTA IMPORTANTE

Los procedimientos y programas explicados en este libro se comunican sin tener en cuenta su situación de patente. Solamente están destinados al uso del aficionado o de enseñanza y no pueden utilizarse profesionalmente.

Todas las indicaciones técnicas y programas incluidos en este libro han sido recopilados con sumo cuidado por el autor y han sido reproducidos bajo estrictas normas de control. A pesar de esto no se pueden excluir errores. DATA BECKER se ve obligada por esta razón a comunicar que no se hace responsable jurídicamente, ni ofrece ningún tipo de garantía ni responsabilidad, por las consecuencias derivadas de indicaciones erróneas. El autor agradecerá en todo momento la comunicación de posibles errores.

Índice general

1. Presentación del programa

Al abrir Excel puede parecerle un programa complicado, con tantas imágenes, símbolos, líneas y celdas. Sin embargo, es sólo la primera impresión. Sólo deberá seguir los fundamentos básicos y comprobará que no es tanta la dificultad.

Estructura en pantalla

Nada más abrir el programa, en la parte superior de la ventana podrá ver la barra de título, en la que se indica el nombre del programa con el que trabaja (en este caso, *Microsoft Excel*) y, a continuación, el nombre del archivo abierto en ese momento. Si no ha dado ningún nombre al archivo, éste se llamará por defecto *Libro1*. Si crea un nuevo archivo, su nombre será *Libro2*, y así sucesivamente. Cuando guarde el archivo, el programa de dará la opción de cambiar el nombre, en caso de que así lo haga, el nuevo nombre aparecerá en la misma posición que el anterior sustituyendo a éste.

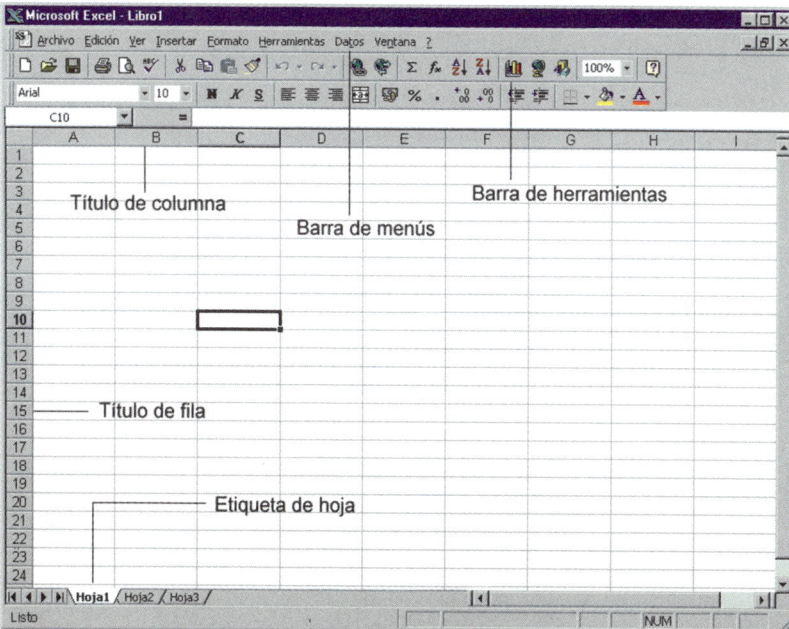

Justo debajo de la barra de título podrá encontrar la barra de menús de la hoja. Si, por ejemplo, pulsa con el ratón sobre *Archivo*, aparecerá un menú desplegable en el cual podrá elegir las diferentes opciones.

Luego aparecen dos barras de herramientas que se muestran de forma predeterminada en Excel. La barra superior es la barra *Estándar* mientras que la que se encuentra en la posición inferior es la barra de herramientas *Formato*. El uso de los botones que encontrará en estas barras le resultará más rápido y cómodo que los procesos que debería seguir utilizando los menús. Nada mejor que un ejemplo para verlo. Sitúe el cursor del ratón sobre uno de estos botones. Enseguida verá que aparece un texto junto al cursor del ratón. A este texto se le denomina información sobre herramientas , ya que muestra una pequeña descripción de la herramienta sobre la que se encuentra el cursor del ratón. Al principio, esta información es muy importante, ya que no es fácil acordarse de la función de cada botón.

A continuación aparece la *Barra de fórmulas*, en la que podrá ver las entradas que introduzca en una determinada celda. Como podrá comprobar más tarde, esta barra tiene una gran importancia.

Y cómo no: el propio Excel. Un gran número de filas y columnas. Las columnas están clasificadas por letras y las filas por números. Las descripciones de las columnas se denominan títulos de columna, y la de las filas títulos de filas.

Número de celdas

El alfabeto tiene un número limitado de letras y la cantidad de columnas sería entonces muy limitada. Para que haya más columnas, después de la columna Z viene la columna AA y, al llegar a la AZ, le sigue la BA, así sucesivamente hasta que llegar a la IV. Antes de que empiece a hacer cálculos, debe saber que el número de columnas es de 256. En total hay 16.777.216 celdas, ya que dispone de 65.536 filas, con lo cual es más que probable que tenga suficientes celdas para trabajar.

Pero si el número de celdas aún le fuera insuficiente, mire en el borde inferior de la pantalla y verá que hay desde la *Hoja1* a la *Hoja3* (pueden aparecer más según la configuración). Eso significa que dispone de tres hojas. Puede añadir a un libro hasta 255 hojas. Eso es muy práctico si quiere guardar todos los movimientos mensuales en un mismo archivo. Antes debía tener doce archivos más uno para la totalidad de movimientos, pero ahora puede guardarlo todo en un mismo archivo. Sin embargo, eso también tiene una pega, y es que si accidentalmente borra ese archivo, todo quedará borrado. Por lo que deberá tener precaución.

Funcionamiento de Excel

Todas las entradas que realice en Excel quedarán escritas en una celda, es decir, tendrán una cifra por celda. Para poder saber en qué celda se encuentra, existe el sistema de coordenadas habitual, que se rige por el siguiente principio: busca la fila y la columna que desee y el punto donde se cruzan coincide con la celda que buscaba.

Mediante el indicador de celda (es decir, el marco que rodea la celda) podrá saber dónde se encuentra. También puede saberlo de otra forma: verá que en el cuadro de lista que se halla en la *Barra de fórmulas* aparece, por ejemplo, C8. Inmediatamente podrá ver que el indicador de celda se encuentra en C8.

Estas son, por el momento, las partes más importantes de la pantalla. Más tarde hablaremos del resto de elementos que aparecen. Ahora lo más importante es pasar a la práctica.

Primeros pasos con Excel

En los siguientes apartados aprenderá a introducir datos en una hoja y a borrarlos posteriormente.

1. Primero seleccione la celda A1 pulsando con el botón izquierdo una vez colocado el cursor del ratón sobre ella.

2. Escriba en esta celda la palabra "Prueba". Mientras escribe el texto, verá que éste aparece en la celda y, simultáneamente, también en la *Barra de fórmulas*.

3. Finalice la entrada del texto pulsando la tecla <Enter>. El texto quedará escrito en A1 y el indicador de celda pasará a la celda A2. Al finalizar cualquier entrada debe pulsar la tecla <Enter>. De este modo, Excel sabrá que ha terminado la entrada en esa celda.

4. En la celda A2 escriba "1000" y confirme pulsando <Enter>. ¿Ve la diferencia entre el texto y el número? Exacto: el texto, de manera predeterminada, queda alineado a la izquierda, mientras que las cifras son alineadas a la derecha.

5. Escriba "1000,10" en la celda A3. Una vez haya pulsado la tecla <Enter> verá que el último cero ha desaparecido. A continuación averiguará el porqué.

6. Ahora escriba "1000,11". El número aparece tal y como lo escribe.

Quizá piense que los números no deben tener ese formato, ya que la mayoría de usuarios esperan cifras separadas por puntos con dos dígitos detrás de la coma, es decir, en lugar de 1000 debería aparecer 1.000,00.

Este proceso es totalmente automático en Excel, lo que significa que no es usted el que debe preocuparse por el formato, sino Excel. Los números siempre se introducen sin formato, ya sea en formato de moneda o de cualquier otro. Excel se ocupa de esto de la siguiente manera: usted asigna el formato de número y Excel cumple las instrucciones. Para asignar un formato debe pulsar la opción *Celdas...* del menú *Formato*, pero vamos a enseñarle el primer truco.

7. Seleccione la celda A2 con el cursor del ratón y arrástrelo, seleccionando las celdas en las que ha introducido cifras numéricas. Verá que todas las celdas se volverán de color negro exceptuando la primera. La primera casilla de la selección siempre permanece en color blanco, lo cual no quiere decir que no forme parte de dicha selección.

1. Presentación del programa

8. A continuación, pulse la combinación de teclas <Ctrl>+<Mayús>+<1> (no utilice para ello el teclado numérico de la derecha).

Ahora puede ver que las cifras anteriormente introducidas están separadas por puntos y tienen dos dígitos detrás de la coma. Pero si selecciona cualquiera de estas celdas podrá ver en la barra de fórmulas que en la celda aún se halla la cifra que usted ha escrito.

	A	B	C	D
1	Prueba		Antes de darle formato	
2	1000			
3	1000,1			
4	1000,11			
5				
6				
7	Prueba		Después de darle formato	
8	1000			
9	1000,1			
10	1000,11			
11				

Info

Confirmar siempre con la tecla <Enter>

Probablemente, pensará que debe pulsar dicha tecla para que el indicador de celda vaya a la celda siguiente. Por supuesto, esto es correcto, pero alguna vez puede ocurrir que usted se olvide y, entonces, tendrá un pequeño problema. Escriba un texto y, una vez finalizada la entrada, no pulse la tecla <Enter>, sino el botón izquierdo del ratón sobre la opción de menú *Insertar*. Podrá ver que casi todas las opciones aparecerán en gris claro, lo que en Windows significa que esa opción no puede activarse en ese momento. La razón por la cual estas opciones aparecen en gris es porque usted se encuentra en mitad de la edición de una celda (podrá apreciarlo porque en la barra de fórmulas aparece una X, un símbolo de aprobación y un signo de igual), y, naturalmente, no hay muchas posibilidades. Cuando ocurra esto, pulse dos veces la tecla <Esc> (una vez para cerrar el menú y la otra para desactivar la barra de menús). Finalice la entrada con <Enter> y los menús quedarán activados de nuevo.

Excel 97 - 15

Borrar el contenido de las celdas

Para borrar el contenido de una celda, tiene dos posibilidades. Si desea borrar el contenido completo, sólo debe seleccionar la celda y pulsar la tecla <Supr>. El contenido de la celda se borrará por completo.

Si quiere sustituir el contenido de una celda por otro, simplemente deberá sobrescribirlo en la misma celda.

Pero si en mitad de la sobrescritura se da cuenta que ha escrito sobre una fórmula que le ha costado horas de trabajo, tan solo deberá pulsar la tecla <Esc> y Excel restablecerá el estado anterior de la celda. Pero esto sólo funciona si aún no ha confirmado pulsando la tecla <Enter>.

En el caso de que ya haya confirmado la sobrescritura deberá utilizar la función *Deshacer*, también disponible en Excel. La forma más sencilla de activar esta función es mediante las teclas <Ctrl> + <Z>.

Desde la versión 97, Excel también ensancha la columna cuando la entrada es demasiado grande. Sin embargo sólo funciona si el ancho de columna aún no ha sido modificado.

Rápido y fácil: seleccionar y mover

	A	B	C	D
1				
2				
3				
4	Test 1	Test 1	Test 1	Test 1
5	Test 2	Test 2	Test 2	Test 2
6	Test 3	Test 3	Test 3	Test 3
7	Test 4	Test 4	Test 4	Test 4
8	Test 5	Test 5	Test 5	Test 5
9	Test 6	Test 6	Test 6	Test 6
10	Test 7	Test 7	Test 7	Test 7
11				
12				
13	Test 8	Test 8	Test 8	Test 8
14				
15				

1. Cree la tabla siguiente.

2. Escriba de nuevo la palabra "Prueba" en la celda A48.

Vea lo práctico que es moverse y seleccionar con Excel. Eso es algo muy importante, ya que usted dedicará mucho tiempo a estas acciones y, a veces, utilizar únicamente las herramientas estándar resulta incómodo y molesto.

3. Vamos a empezar a movernos. Ya conoce una combinación de teclas que le proporciona un rápido movimiento: se trata de <Ctrl>+<Inicio>, que mueve su indicador de celda a la celda A1.

4. Si pulsa sólo <Inicio>, se situará en la columna A de la fila en que se encontraba. Eso significa que si, por ejemplo, se encuentra en G30, se moverá a A30.

5. Muévase ahora hacia la celda A1 de la tabla que acaba de crear.

Cómo moverse mucho más rápido

1. Muévase ahora al cuadro A4 de manera muy rápida mediante la combinación de teclas <Ctrl>+<↓>.

2. Ahora puede saltar a la celda A10 con la misma combinación.

3. Pulse de nuevo e irá a parar a la celda A13, y luego a la A48.

El principio de <Ctrl>+<↓> es muy simple. Primero, Excel se mueve a la siguiente celda escrita. Si hay varias celdas escritas, una detrás de otra, cada vez que se pulsa la combinación de teclas se salta a la celda escrita en último lugar de este bloque de datos. Si el bloque de datos sólo es de una celda (como la última celda de este ejemplo), saltará automáticamente de una celda escrita a otra.

La ventaja de este método es que siempre llega al fin de una tabla sin que sepa dónde está exactamente el fin. Y con una tabla de 80 filas de largo, puede imaginarse que moviéndose así conseguirá ganar mucho tiempo.

Por supuesto, también funciona si se mueve con <Ctrl>+<↑>, <←> o <→>.

Seleccionar correctamente

Ahora hablaremos de la selección. La forma más corriente de seleccionar consiste en arrastrar con el ratón, es decir, en mantener pulsado el botón izquierdo del ratón y luego arrastrar. Como podrá ver, todos los campos, excepto el primero, se vuelven de color negro.

¿Para qué debe seleccionar?

Para determinar con qué área quiere realizar alguna acción. Si, por ejemplo, quiere formatear o borrar datos, es imprescindible que primero seleccione ese área.

Mueva primero el indicador de celda a la celda B6 de su hoja de prueba. Pulse la combinación de teclas <Ctrl> + <*> (el signo de multiplicar de su teclado numérico, justo encima del nueve). Toda la tabla, desde A4 hasta D10, queda seleccionada. Este es el sistema más rápido (al menos de todos los que conocemos) de seleccionar un bloque de datos.

Si en la celda D11 existe una entrada, puede comprobar que esa celda queda añadida, ya que se trata de una celda contigua. Excel ignora los huecos que pueda haber eventualmente en su tabla.

Pero aún hay más, algo que seguramente utilizará muy a menudo: también es posible seleccionar la primera fila o la primera columna de una tabla.

Seguro que aún recuerda la posibilidad de seleccionar con el teclado, algo que ya ha hecho al mantener pulsada la tecla <Mayús>. También conoce las posibilidades de movimiento con <Ctrl> y el cursor. Combine todo ello y, de manera muy sencilla, podrá seleccionar un registro. A diferencia de la combinación <Ctrl> + <*>, debe situarse al principio de la selección.

Seleccionar más rápidamente

1. Cambie a la celda A4.

2. Pulse <Ctrl> + <Mayús> + <↓> y verá que quedará seleccionada el área que va de la celda A4 a la A10.

3. Si ahora se mueve de nuevo hasta A4 con <Ctrl>+<↑>, también puede seleccionar de A4 hasta D4 con <Ctrl>+<Mayús>+ <→>.

En este caso, tampoco es necesario mencionar que eso también funciona si se trata de 80 o 200 filas, éstas no serán interrumpidas por campos vacíos.

Una selección para áreas

1. Pulse con el ratón sobre la primera celda que debe ser seleccionada.

2. Vaya con el ratón a la última celda que desee seleccionar.

3. Mantenga pulsada la tecla <Mayús> y pulse luego con el ratón sobre la última celda seleccionada.

4. El área completa queda seleccionada.

Este tipo de selección funciona igual en todos los programas de Windows y es especialmente interesante a la hora de seleccionar un área situada fuera de la parte visible en pantalla. Debe moverse con las barras de desplazamiento, ya que no puede utilizar el indicador de celda, porque de lo contrario movería la primera celda de la selección.

Pero aún hay algo que también es muy práctico: maniendo la tecla <Mayús> presionada, puede ampliar o reducir la selección en cualquier momento.

Selección independiente
Eso también es posible. En ese caso sólo debe mantener pulsada la tecla <Ctrl> mientras realiza la selección con el ratón.

Consejo sobre la selección

Debe prestar atención y no seleccionar de arriba a abajo o de izquierda a
derecha, sino al contrario, por ejemplo: de abajo a arriba. Así podrá mante-
nerse en la delimitación de la hoja sin pasarse de su objetivo.

La función autocompletar en Excel

Una de las funciones más útiles de Excel es la de autocompletar. Escriba las
siguientes entradas, una debajo de la otra, en una tabla.

- Pastel
- Pastelero
- Pastelería

Verá que cuando vaya a escriba "Pastel" por segunda vez, Excel ya le ha
hecho aparecer la palabra. En el tercer campo, al escribir "Pastele", Excel ya
ha escrito "Pastelero". A eso se le llama autocompletar. Eso significa que
Excel comprueba si esa palabra ya se encuentra en la celda de arriba. Si es
así, el programa le propone esa palabra como entrada. Si quiere escribir la
misma palabra, sólo tiene que confirmar con la tecla <Enter>. Si por el
contrario no la quiere, siga escribiendo y sobrescribirá sobre la palabra
propuesta.

Autocompletar no funciona en las filas vacías

Sí, existe este inconveniente, ya que Excel no reconoce el campo de arriba cuando hay una celda
vacía entre las entradas. Sin embargo hay un truco que puede servirnos de ayuda: deje un espacio
en blanco en la celda vacía. Con ello, la celda está aparentemente vacía, pero Excel interpreta
que se ha producido una entrada, con lo que usted puede aprovecharse de la función de
autocompletar.

2. Comenzar a practicar

Ahora que ya conoce los pasos elementales y las herramientas básicas, puede comenzar a trabajar más en serio.

La primera hoja

A continuación, va a llevar a cabo una pequeña cantidad de cálculos y, mientras va practicando irá adquiriendo, paso a paso, otros conocimientos imprescindibles.

Primero, cree la hoja tal como le mostramos. Preste atención y escriba las entradas en las mismas celdas que le indicamos.

	A	B
1		
2		
3	Precio	Cantidad
4	252	23
5	365	36
6	854,2	98
7		

Así podrá introducir datos de forma más rápida

Introduzca siempre sus números con el teclado decimal y confirme siempre la entrada en la celda pulsando <Enter>. Si hace eso, también le resultará mucho más rápido introducir los datos de arriba a abajo, más que si lo hace de izquierda a derecha. Especialmente si combina cifras con texto.

Verá que en la hoja de arriba aún faltan algunos detalles.

Primero deberá ocuparse del formato de los números, para que estos queden separados por puntos y tengan dos dígitos tras la coma. ¿Se acuerda de la combinación de teclas <Ctrl> + <Mayús> + <1>? Más tarde podrá ver cómo se ejecuta mediante el menú esta función, especialmente cómo se pueden introducir números decimales sin dos dígitos detrás de la coma.

Cálculos con Excel

Ahora deberá llevar a cabo un cálculo con Excel por primera vez, pero antes de empezar en la hoja, introduzca en una celda "100+200".

Probablemente creía que aparecería el número 300, como resultado de la suma de 100 con 200. Sin embargo, si mira bien lo que ha entrado, comprobará que la entrada se encuentra alineada a la izquierda, y eso sólo ocurre cuando se trata de una entrada de texto. ¿Cómo puede Excel considerar como texto lo que ha escrito? Muy fácil, cuando los números se escriben junto con un texto, Excel lo considera entrada de texto. En ese caso, Excel interpreta el símbolo "más" (+) como texto.

Para solucionar el problema sólo debe comunicar a Excel que desea realizar un cálculo, y lo debe hacer con el símbolo "=". Busque dicho símbolo en el teclado. Se encuentra encima del cero y hay que pulsar la tecla <Mayús>. Para muchos, tener que usar dos teclas para entrar este símbolo es algo molesto, por lo que vamos a intentar agilizar la entrada con un pequeño truco.

Hay otros programas de hoja de cálculo en el mercado, y en muchos de ellos la entrada de fórmulas empieza con el signo "más". Seguramente imaginará que si una fórmula empieza con "+" durante años, ese cambio a "=" debe ser bastante molesto. Los programadores pensaron en dejar el signo "+" a los otros usuarios y en cambiarlo todo a un "=" para ellos. Mire, si no, dónde se encuentra el signo "+" en el teclado numérico. Exacto, bien grande y a la derecha del 9 y el 6, hasta puede pulsar la tecla sin mirar y, además, con una solo mano.

Ahora deberá ocuparse de la fórmula, ya que debe calcular el valor total de la mercancía multiplicando el precio por unidad y el número de unidades.

Vamos a crear la primera fórmula

1. Sitúe el indicador de celda en la celda C4 e introduzca el signo "+". Con ello, Excel sabe que usted quiere efectuar un cálculo.

2. Ahora vaya con <←> a la celda A4 (por favor, no utilice el ratón, sino las teclas del cursor). Verá que en la celda de la fórmula quedará registrado *A4* y que dicha celda quedará enmarcada.

3. Como quiere multiplicar A4 por B4, introduzca directamente el signo "*" (por favor, utilice siempre la tecla del bloque numérico). No debe pulsar con el ratón en la celda C4, ya que puede ver que el marco de C4 sigue parpadeando.

4. El marco desaparece y el cursor se encuentra en la celda C4.

	A	B	C	D
1				
2				
3	Precio	Cantidad		
4	252,00	23,00	+A4*B4	
5	365,00	36,00		
6	854,20	98,00		
7				
8				

5. Vaya ahora con <←> a la celda B4, en la que aparecerá de nuevo un marco parpadeante. En la celda deberá aparecer lo mismo que en la figura.

6. La fórmula está casi lista, sólo debe confirmar pulsando la tecla <Enter>. No se preocupe por el marco que aún se encuentra en la celda B4, ya que desaparece automáticamente.

7. Y ahora, después de pulsar la tecla <Enter>, aparece el resultado 5796.

8. Introduzca ahora en B4 "20" unidades y mire lo que ocurre con la fórmula. Exacto: se actualiza automáticamente y el resultado es ahora 5040.

Mediante la fórmula que usted establece, Excel calcula siempre según el contenido de la celda en la que usted ha escrito la fórmula. En el caso anterior debe haberle quedado clara la ventaja de este sistema, ya que al cambiar el contenido de la celda, el resultado varía directamente.

Fíjese ahora en lo que aparece en la *Barra de fórmulas*.

=A4*B4

Como puede ver, el signo "+" es sustituido automáticamente por "=". Pero no se preocupe, ya que el signo "+" no produce ningún efecto desde el punto de vista matemático.

Para usted, eso significa, que si quiere crear una fórmula, primero debe pensar bien qué es lo que realmente quiere para luego indicarlo en la celda. Puede situarse en los campos tanto con el ratón como con las teclas del cursor, y puede introducir muy fácilmente los signos matemáticos.

A continuación deberá introducir las dos fórmulas restantes. En este caso, podría crearlos de la misma forma que la anterior, pero si en vez de dos fórmulas son decenas de ellas, el proceso es bastante lento.

Fíjese en el indicador de celda, verá que en su esquina inferior derecha se encuentra una casilla. Si se sitúa sobre esta con el puntero del ratón, fíjese en que el puntero pasa a tener la forma de una cruz. Si ahora mueve el ratón hacia abajo, aparece un grueso marco alrededor de área con el cual quedarán copiados los contenidos de la celda seleccionada.

Copie la fórmula

	A	B	C	D
1				
2				
3	Precio	Cantidad		
4	252,00	20,00	5040	
5	365,00	36,00		
6	854,20	98,00		
7				
8				

1. Sitúe el indicador de celda en C4.

2. Sitúese justo en el cuadro de llenado (en la esquina inferior derecha del indicador de celda).

3. Mantenga pulsado el botón izquierdo del ratón y muévalo hasta la celda C6.

4. Suelte el botón del ratón. La fórmula quedará copiada.

El autorrelleno, por alguna razón, no funciona.

Si ocurre eso es que , probablemente, no debe haber esperado a la cruz y, en cambio, tenía una flecha como puntero del ratón. Lo que ha pasado es que ha movido la celda seleccionada. Más tarde hablaremos más sobre ello. Lo importante es que debe esperar hasta que aparezca una cruz.

Escriba en la celda C3 "Total" como título.

Al crear una tabla es muy importante que esta sea creada de tal manera que otros usuarios, además de usted, también puedan entenderla. Por eso, como es lógico, tiene una gran importancia que todos los campos sean descritos con exactitud.

Como ahora puede ver claramente, ya tenemos una descripción de qué artículo se trata. Ahora debe añadir una columna, y a continuación podrá ver cómo se hace.

Añadir columnas y filas posteriormente

Hay dos formas posibles de añadir columnas y filas. Puede hacerlo mediante el teclado o mediante el ratón.

En principio, puede decirse que está función se puede hacer de manera más sencilla con el ratón, siempre que considere que lo más sencillo es aquello que no debe pensarse mucho, ya que la mayoría de acciones que se llevan a cabo con el ratón son intuitivas. De todos modos, este sistema no es el más rápido.

En la mayoría de casos, es más rápido utilizar el teclado, aunque en este caso surge el problema de recordar la combinación de teclas correspondientes, aunque, como hemos dicho, suele ser el camino más rápido.

Cualquier método es igualmente válido. Nosotros sólo podemos hacerle una pequeña indicación: si debe trabajar con Excel muy a menudo, le resultarán más prácticas las combinaciones de teclas. Si sólo trabaja con Excel de manera esporádica, utilice el ratón.

Utilizando el teclado

1. Sitúe el indicador de celda en cualquier campo de la columna A.

2. Pulse la combinación de teclas <Ctrl> + <Espacio> y la columna A quedará seleccionada.

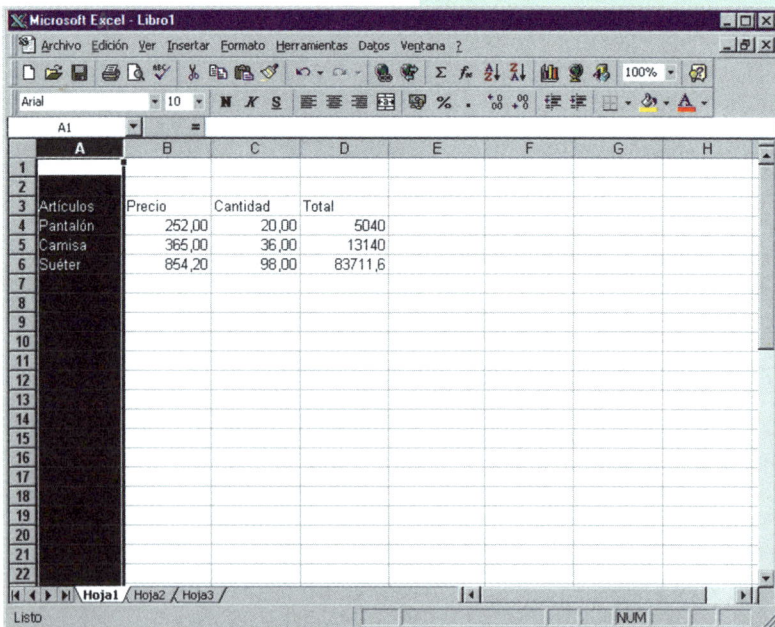

3. Y ahora, para añadir la columna, debe pulsar <Ctrl>+<+>.

4. Ya se ha añadido la columna.

Utilizando el ratón

1. Dirija el puntero del ratón a la etiqueta de la columna.

2. Pulse el botón derecho del ratón

3. Aparecerá un menú contextual. Pulse con el ratón sobre la opción *Insertar.*

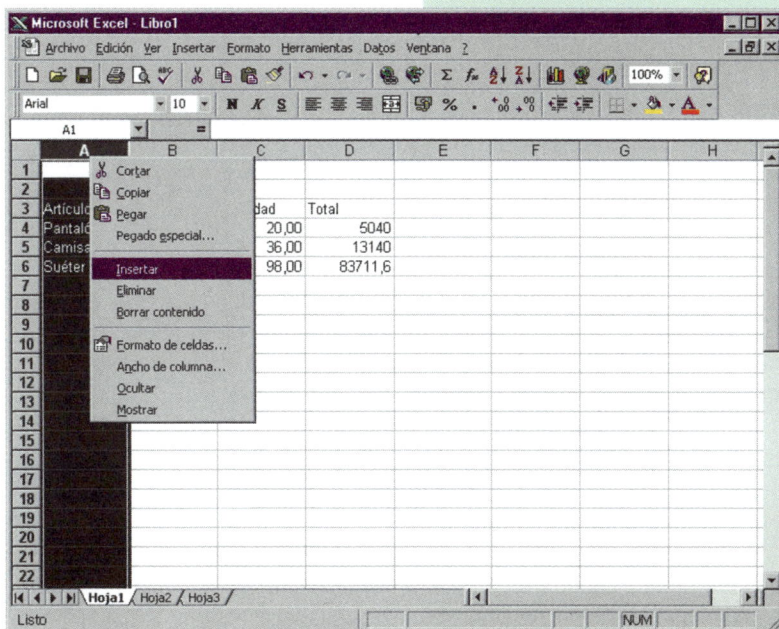

4. La columna ha sido insertada.

¿Qué es un menú contextual?

Siempre puede activar un menú de este tipo pulsando el botón derecho del ratón y puede presentar aspectos distintos, ya que le muestra las diferentes posibilidades que usted necesita en una determinada situación. Depende, por lo tanto, del lugar en que se halle el puntero del ratón. Estos menús funcionan en la mayoría de programas de Windows.

Insertar y borrar: aspectos interesantes e importantes

Es muy, muy importante que primero seleccione antes de insertar una fila o una columna, ya que, si no lo hace, sólo insertará o borrará una celda. Eso tiene unas consecuencias catastróficas, ya que con ello también modifica las referencias de celda. Sabrá inmediatamente que ha olvidado efectuar la selección, ya que aparecerá un cuadro de diálogo.

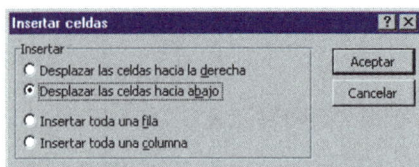

Esto es así ya que, si desea insertar una celda, también debe comunicar dónde ha de desplazarse el resto de la tabla, hacia la derecha o hacia abajo. Por eso aparece ese cuadro de diálogo.

Utilice una hoja de prueba para ver qué es lo que ocurre.

En principio, las filas siempre se añaden según la celda seleccionada, y las columnas son insertadas siempre a la izquierda de lo que haya seleccionado.

Si selecciona dos columnas, también serán insertadas otras dos columnas. Para seleccionar dos columnas, pulse con el ratón sobre el título de columna (como ha hecho antes) y luego mueva el ratón, mientras mantiene el botón pulsado, hacia la derecha hasta que haya seleccionado las columnas que desee.

Desde la aparición de Excel 97 es posible insertar varias filas y columnas simultáneamente. Eso funciona de la siguiente forma: seleccione con el ratón las columnas que desee manteniendo pulsada la tecla <Ctrl> y seguidamente pulse <Ctrl>+<+>. El número de columnas insertado será el mismo que el de columnas seleccionadas.

En la tabla siguiente puede ver diferentes combinaciones de teclas:

Operación	Combinación de teclas
Seleccionar columna	<Ctrl> + <Espacio>
Seleccionar fila	<Mayús> + <Espacio>
Insertar fila / columna	<Ctrl> + <+> (teclado numérico)
Borrar fila / columna	<Ctrl> + <-> (teclado numérico)

Veamos también a continuación un resumen de las funciones con el ratón:

Operación	Realización
Seleccionar fila/columna	Pulsar título de la fila/columna
Insertar fila / columna	Pulsar *Insertar...* del menú contextual
Borrar fila / columna	Pulsar *Eliminar...* del menú contextual

Las acciones efectuadas con el ratón pueden ser peligrosas.

Si activa un menú contextual, debe mantener el puntero del ratón dentro del área seleccionada. De lo contrario, desaparecerá la selección y será otra celda o columna la que quede seleccionada, lo que puede producir problemas.

Dar formato

La hoja tiene una presentación más formal, pero podría darle un mejor aspecto. Debería hacer que los títulos estuvieran en negrita y cursiva

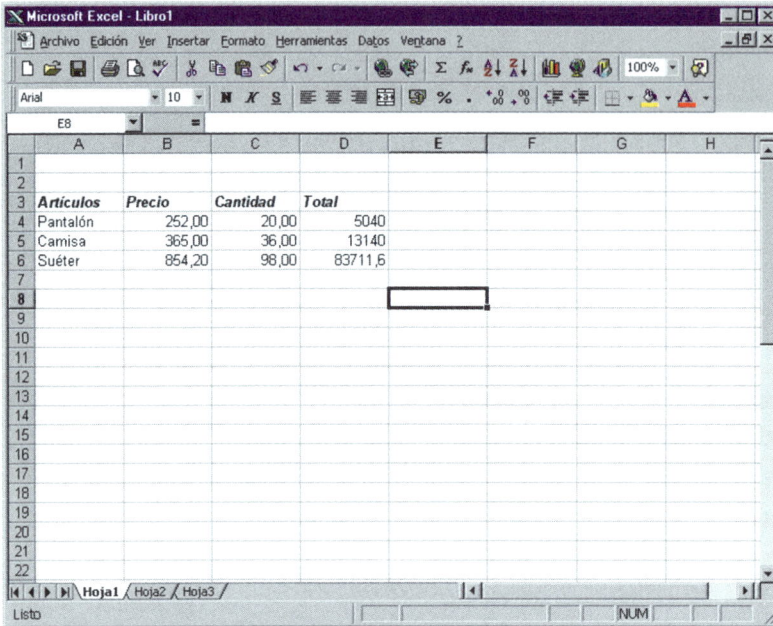

En la figura de arriba puede ver el resultado deseado.

Para dar formato a un área, primero debe seleccionarla. Utilice para ello los siguientes botones de la barra de formato.

1. Pulse con el ratón, después de haber seleccionado el área que deseaba, sobre el botón de la izquierda, responsable de que el texto aparezca en negrita.

2. Podrá ver que, después de pulsar con el ratón, el botón parecerá como si estuviera pulsado, de forma parecida a un interruptor.

3. Pulse con el ratón sobre el botón para la cursiva. Ahora ambos botones están pulsados.

4. Si vuelve a pulsar con el ratón sobre los botones, este tipo de formato desaparece. Esos botones funcionan, por lo tanto, como si se tratara de un interruptor que se enciende y se apaga.

Si aún quiere obtener la suma total, tenga un poco de paciencia. Más tarde nos dedicaremos a ello. Guarde este archivo como "Volumen.xls", ya que más tarde lo volverá a necesitar.

Esto también puede hacerse en otra posición

A menudo ocurre que una entrada que acaba de escribir debería haberse escrito en otra celda. En ese caso hay dos posibilidades distintas. Una ya la conoce: se trata de la posibilidad de autorrelleno con la casilla correspondiente. Sin embargo, este método sólo funciona si usted quiere copiar directamente hacia abajo o hacia la derecha, siendo este por otra parte el proceso más habitual.

Copiar significa que las entradas, después del proceso de copia, se encuentran dos veces en la hoja, concretamente en el lugar del que ha partido y en el que las ha copiado.

Mover

La acción de mover consiste en desplazar el texto de un lugar a otro para que éste, después del proceso, sea exactamente el mismo que antes, sólo que situado en otro lugar.

Cuando se trata de mover hay varias formas de ejecutar dicha acción. No le vamos a enseñar todas, sino las más prácticas, para que decida luego la que más le conviene.

Copiar y cortar mediante la barra de herramientas

Para copiar utilizará el ejemplo anterior.

Debe colocar más abajo un artículo ya existente. Eso significa que debe copiarlo.

1. Seleccione de A4 a D6.

2. Pulse con el ratón sobre el botón *Copiar*.

3. Como puede ver, aparece un marco parpadeante alrededor del área seleccionada.

4. Vaya ahora a la posición en la que el texto debe ser insertado. En este ejemplo se trata de la celda A7.

5. Pulse tecla <Enter> y el área quedará insertada.

El proceso de inserción funciona de una forma algo diferente a los demás programas de Windows, ya que en éstos no puede insertar un texto simplemente pulsando la tecla <Enter>, sino que debe utilizar también el botón *Pegar*.

Si utiliza el botón *Pegar*, como puede ver, el marco parpadeante no desaparece, sino que puede pegar varias veces el área que ha copiado. Puede utilizar el botón *Pegar* las veces que quiera hasta que finalice el proceso de inserción con la tecla <Enter> o interrumpiendo el proceso con <Esc>.

Como hemos dicho, en otros programas ocurre algo totalmente distinto, pero esta función es especialmente indicada para trabajar con una hoja de cálculo.

Si quiere mover un área, utilice el botón *Cortar* en lugar de *Copiar*.

Como puede ver, el área que ha cortado no desaparece directamente, tal como ocurre con otros programas, sino que vuelve a aparecer un marco del mismo tipo que el del ejemplo anterior.

Vaya entonces con el indicador de celda a la posición en la que desee insertar el texto. Cuando quiera pegarlo, finalice el proceso pulsando la tecla <Enter>.

Si quiere pegar un texto varias veces, debe utilizar de nuevo el botón *Pegar*.

Cortar y copiar usando el teclado

El principio es el mismo.

1. Seleccione el área que debe ser copiada.

2. Utilice la combinación de teclas <Ctrl> + <C> (C significa **C**opiar).

3. Vaya al lugar donde tenga que copiar el área y pulse la tecla <Enter>.

4. Si quiere pegar varias veces el texto, use la combinación <Ctrl> + <V>, aunque la V no tenga nada que ver con la palabra "pegar".

5. Si ahora quiere cortar, pulse las teclas <Ctrl> + <X>.

Por cierto, estas combinaciones de teclas funcionan también con todos los programas de Windows. Por eso vale la pena tener presente estas combinaciones.

Así funciona el método de arrastrar y colocar

Este método consiste en mover un texto con el ratón, aunque sólo es recomendable si se sabe utilizar muy bien el ratón y sólo si desea mover o copiar dentro del área de la pantalla (seguramente debe recordar que si selecciona fuera de ese área, la selección se amplia muy rápidamente).

1. Seleccione el área que desea mover.

2. Dirija el puntero del ratón al borde del área seleccionada. El puntero cambia de forma y pasa a ser una flecha.

	A	B	C	D	E
1					
2					
3					
4	Test 1	Test 1	Test 1	Test 1	
5	Test 2	Test 2	Test 2	Test 2	
6	Test 3	Test 3	Test 3	Test 3	
7	Test 4	Test 4	Test 4	Test 4	
8	Test 5	Test 5	Test 5	Test 5	
9	Test 6	Test 6	Test 6	Test 6	
10	Test 7	Test 7	Test 7	Test 7	
11					
12					
13					

3. Mueva ahora con el ratón el área seleccionada hacia el lugar en el que debe situarla. Podrá ver que el área es representada en la hoja y una casilla amarilla le comunicará en qué parte del área será insertada.

4. Suelte el botón del ratón cuando llegue a la posición deseada y el área quedará movida.

5. Si quiere copiar, debe mantener pulsada la tecla <Ctrl> mientras mueve el área seleccionada. Verá que en junto al puntero del ratón aparece un signo más.

	A	B	C	D	E	F
1						
2						
3						
4	Test 1	Test 1	Test 1	Test 1		
5	Test 2	Test 2	Test 2	Test 2		
6	Test 3	Test 3	Test 3	Test 3		
7	Test 4	Test 4	Test 4	Test 4		
8	Test 5	Test 5	Test 5	Test 5		
9	Test 6	Test 6	Test 6	Test 6		
10	Test 7	Test 7	Test 7	Test 7		
11						
12						
13	Test 8					
14						
15						
16						
17						
18						
19						

Si el área a la que quiere moverse no está vacía, Excel se lo indicará mediante un cuadro de diálogo.

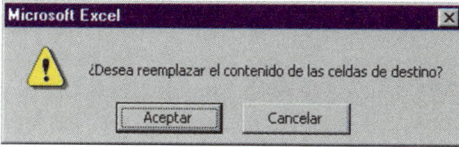

Puede entonces decidir: si quiere sobrescribir, pulse con el ratón sobre *Aceptar*, de lo contrario pulse sobre *Cancelar*.

Guardar y recuperar

Como ya ha creado algo, ahora debería guardarlo. Eso tiene la ventaja de que más tarde puede volver a trabajar con el archivo que ha creado.

Antes de empezar debe saber que puede estrar tranquilo si se olvida de guardar algún archivo. Si cierra Excel o algún archivo, el programa le preguntará automáticamente si quiere guardar el archivo. El cuadro de diálogo es como el que aparece en la figura.

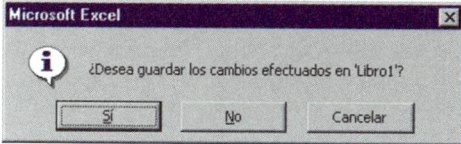

Por supuesto, siempre debe leer lo que dice el cuadro de diálogo que aparece súbitamente, y no se limite siempre a contestar que sí. De hecho, este es el único cuadro al que debe contestar afirmativamente en la mayoría de los casos. Si, por el contrario, aparece algún cuadro de diálogo y usted no sabe lo que debe hacer, es mejor pulsar con el ratón sobre *Cancelar* o *No*. Al menos es mejor que contestar *Sí* a algo que usted no sabe.

El procedimiento para guardar archivos

1. Pulse con el ratón sobre el botón *Guardar* de la barra de herramientas *Estándar*. Tiene otra posibilidad: en lugar de pulsar sobre dicho botón puede utilizar la combinación de teclas <Ctrl>+<G>. A la larga, le resultará más rápido que mover constantemente el ratón.

2. Aparece un cuadro de diálogo (vea la figura siguiente). Verá que bajo el área del cuadro se le preguntará por el nombre del archivo. Si aún no lo ha guardado, aparecerá *Libro1*. Escriba en el cuadro de texto *Nombre de archivo* el nombre para el libro que desee guardar.

Reglas para los nombres de archivo

Por suerte, desde la aparición de Windows 95 no hay reglamentos muy rígidos para el nombre de los archivos. Antes un archivo sólo podía tener un nombre de 8 caracteres. Ahora, en cambio, el usuario dispone de 255 caracteres. Sin embargo, en esos 255 caracteres debe estar incluido todo el camino. Eso significa que el archivo *C:\Datos\Excel\Prueba.xls* consta de un buen número de caracteres, pero no se preocupe, porque puede llegar hasta los 255, lo que permite que haya una estructura de carpetas muy profunda. Además ahora también se aceptan los espacios en los nombres de archivo, aunque no se admiten los siguientes símbolos: barra (/), barra invertida (\), símbolo de mayor menor (<>), asterisco (*), signo de interrogación (?), comillas ("), coma (,), punto (.) y dos puntos (:).

Pulse después sobre *Aceptar* o pulse directamente la tecla <Enter>. El archivo quedará guardado. Podrá ver que en la barra de títulos, detrás de Microsoft Excel, también aparece el nombre de archivo que usted ha escrito. Si aparece o no la extensión *xls* depende de la configuración de su sistema.

Si ha dado un nombre al archivo, puede guardarlo de nuevo con el botón *Guardar* o con la combinación de teclas <Ctrl>+<G>.

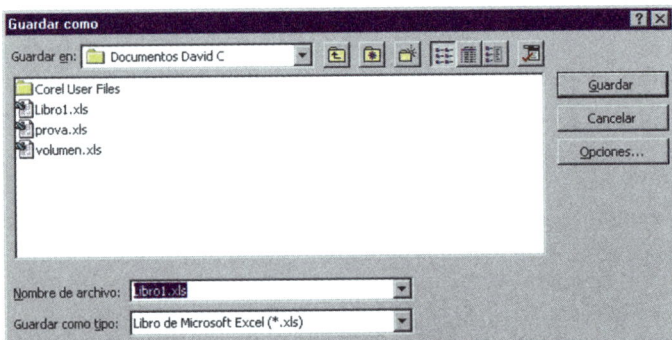

Como ya le hemos indicado, si cierra el archivo o Excel y se ha olvidado guardar el archivo, el mismo programa siempre le preguntará si quiere guardarlo o no. Si pulsa con el ratón sobre *Sí* accederá al cuadro de diálogo *Guardar como,* en caso de no haberlo guardado antes, o simplemente lo guardará si ya le había asignado un nombre. Si pulsa sobre *No*, no será guardado, y si pulsa *Cancelar*, volverá a su hoja de Excel.

Para guardar también hay trucos

Debe ir guardando regularmente, ya que si el ordenador se bloquea y no ha guardado nada, perderá todo lo que haya escrito hasta ese momento.

Si le resulta incómodo la secuencia de pasos anteriormente descrita, acostúmbrese a la combinación de teclas <Ctrl> + <G>. Seguramente se preguntará con qué frecuencia debe usar dicha combinación. Sólo le podemos decir una cosa: siempre que no tenga ganas de hacerlo todo a la vez. Eso en Excel podría ser después de cada fórmula que introduzca.

Todo ello tiene un efecto adicional muy agradable. Imagine que ha creado una hoja realmente genial y, por una u otra razón, hace algo que estropea totalmente el archivo. En ese caso, haga lo siguiente: cierre el archivo y Excel, como siempre, le volverá a preguntar si quiere guardar los cambios. Pulse con el ratón sobre la opción *No*, y de ese modo, lo último que ha hecho no quedará guardado.

Guardar el archivo con otro nombre

Vaya a la opción de menú *Archivo/Guardar como...* A continuación le explicaremos que hace exactamente este comando.

Imagine que ha escrito una factura para el señor Pérez y ahora quiere escribir otra para el señor Martínez. Las dos personas han adquirido el mismo artículo, por lo que las dos facturas sólo se distinguen por el número y los destinatarios. Aquí es cuando debe aplicarse *Archivo/Guardar como...*

Usted guarda el archivo para el señor Martínez cuando ha terminado, con toda normalidad usando <Ctrl> + <G>. Seleccione entonces la opción *Archivo/Guardar como...* Aparecerá el mismo menú que aparece al guardar un archivo, sólo que ahora puede darle otro nombre, como, por ejemplo, "Pérez". Ahora ha guardado los dos archivos, que presentan el mismo aspecto. Si modifica el archivo para el señor Pérez y vuelve a guardarlo, ambos archivos serán distintos.

Eso puede hacerlo también si vuelve al primer ejemplo. Como debe recordar, ha estropeado su archivo, pero no sabe qué archivo es mejor, la versión vieja o la nueva.

Guarde el archivo con otro nombre. Lo mejor sería escribir el mismo nombre de archivo y añadirle un 2. O sea, que si teníamos *Volumen.xls*, el de ahora se llamará *Volumen2.xls*. Como ahora tiene dos archivos, ya puede saber cómo era *Volumen.xls* y cual de las dos versiones le conviene más.

Una vez se haya decidido por uno de los dos, puede borrar el otro, o bien darle otro nombre (por ejemplo, si *Volumen2* era el mejor, ahora sería mejor que se llamara simplemente *Volumen*).

¿Cómo se borra un archivo?

Es muy importante que el archivo que desee borrar esté cerrado. De lo contrario, Windows no le va a permitir borrar el archivo.

Vaya a la opción de menú *Guardar...* o *Abrir...* Si ya ha guardado un archivo, debe ir al menú *Guardar como...*, ya que, si no lo hace, no aparecerá el cuadro de diálogo.

Una vez haya aparecido el cuadro de diálogo, pulse con el ratón sobre el archivo que desee borrar (compruebe antes de borrar si ha seleccionado el archivo correspondiente) y pulse la tecla <Supr>. El archivo ha sido borrado. Tenga cuidado, porque el borrar no es una acción con opción a deshacer –excepto si envía el archivo a la Papelera de reciclaje–.

Cambiar el nombre a un archivo

Pulse con el ratón sobre el nombre del archivo que desee cambiar. Espere un momento y pulse de nuevo sobre el nombre de archivo. Como podrá ver, el nombre aparece enmarcado y seleccionado.

Ahora puede dar otro nombre al archivo. Si desea utilizar nuestro ejemplo anterior, en el que se cambiaba el nombre de *Volumen2* por *Volumen*, primero debe haber borrado el primer archivo *Volumen*, ya que no es posible tener dos archivos con el mismo nombre en la misma carpeta.

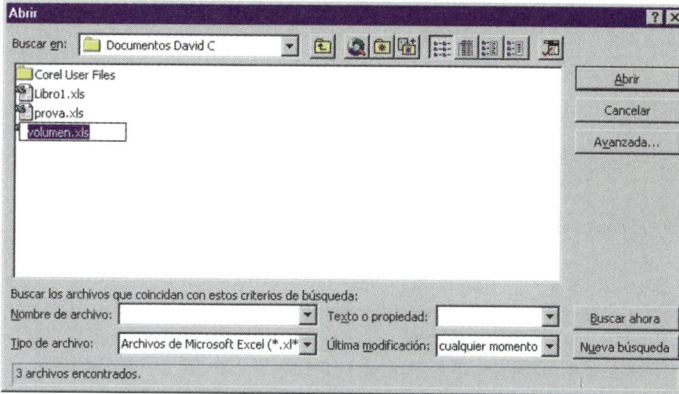

Crear una nueva carpeta

Desde la versión Excel 95 puede crear una nueva carpeta directamente en el programa y no sólo a través del *Explorador*. En principio, ya lo debe haber visto al borrar o cambiar un nombre a un archivo, algo que antes sólo podía hacerse en el *Explorador* o en el *Administrador de archivos*.

1. Seleccione *Archivo/Guardar como...*

2. Ahora vaya a la carpeta en la que desee crear una nueva pulsando dos veces con el ratón sobre la carpeta.

3. Para crear la carpeta, pulse con el ratón sobre el botón *Crear nueva carpeta*.

4. Aparecerá el cuadro de diálogo *Nueva carpeta*.

5. Dé a la carpeta el nombre que quiera y confírmelo pulsando la tecla <Enter>.

6. Ya ha creado la nueva carpeta.

Cómo moverse por las carpetas

1. Para bajar un nivel, realice una doble pulsación sobre la carpeta que desee abrir. En el cuadro de lista *Guardar en* podrá saber en qué nivel se está moviendo.

2. Si quiere cambiar a un nivel superior, utilice el botón *Subir un nivel*.

Establecer una carpeta de trabajo predeterminada diferente

Si siempre quiere empezar desde el mismo directorio, puede indicárselo a Excel. Active para ello *Herramientas/Opciones...* y vaya a la ficha *General*. En la parte inferior verá el cuadro de texto *Ubicación predeterminada del archivo*. Escriba en este campo la carpeta de trabajo predeterminada. Esa indicación será utilizada para abrir y para guardar.

Abra de nuevo el archivo que ha guardado

Para abrir el archivo puede hacer dos cosas: utilizar la combinación de teclas <Ctrl> + <A> (A es la inicial de **A**brir), o bien utilizar el botón *Abrir* de la barra de herramientas *Estándar*.

A continuación aparece el cuadro de diálogo *Abrir*, que apenas se distingue del cuadro de diálogo *Guardar*.

Muévase también por los niveles de carpetas, al igual que para guardar.

Para abrir un archivo, pulse dos veces con el ratón sobre el archivo que desee abrir.

Abrir archivos situados de forma consecutiva

Si quiere abrir varios archivos simultáneamente, siga el procedimiento que le mostramos a continuación:

1. Seleccione el primer archivo que desee abrir.

2. Mantenga pulsada la tecla <Mayús>.

3. Pulse con el ratón sobre el último archivo que desee abrir y todos los archivos quedarán seleccionados.

4. Pulse ahora sobre *Aceptar* y todos los archivos seleccionados se abrirán al mismo tiempo.

Info

Cómo abrir archivos dispersos

En este caso, los archivos se seleccionan de forma parecida a la utilizada para archivos contiguos. Sin embargo, en lugar de pulsar la tecla <Mayús> debe utilizarse <Ctrl>. Así puede seleccionarse cada archivo independientemente de la situación que ocupen. Cada vez que pulse con el ratón sobre un archivo, éste quedará seleccionado.

Imprimir con Excel

Seguramente le gustaría poder imprimir sus primeras creaciones. Para ello debe activar el comando *Imprimir*.

Para ello el botón *Imprimir* de la barra de herramientas *Estándar* o la combinación de teclas <Ctrl> + <P>.

Sin embargo, estos dos métodos no son totalmente iguales, ya que con el botón se inicia la impresión inmediatamente. En cambio, si utiliza la combinación de teclas aparece el cuadro de diálogo *Imprimir,* al igual que si utilizase la opción de menú *Archivo/Imprimir...*

Si pulsa con el ratón sobre el botón, se imprimirá automáticamente toda la tabla de la hoja actual.

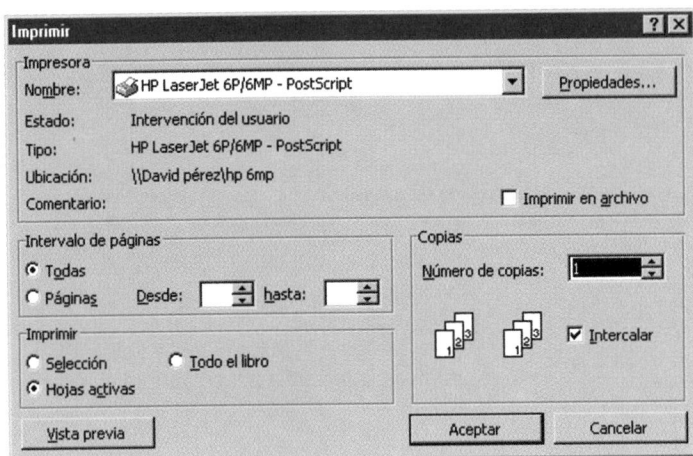

Pero observe bien el cuadro de diálogo:

Impresora	En el área *Impresora* puede seleccionar la impresora que ha configurado como predeterminada de Windows. Si ha instalado un fax y quiere enviar el archivo por este sistema, puede utilizar la opción de fax pulsando con el ratón sobre la flecha que abre la lista desplegable.
Intervalo de páginas	Aquí puede seleccionar lo que quiere que se imprima. Puede imprimirlo todo, o bien las páginas que quiera escribiendo en los campos *Desde* y *hasta*. Puede seleccionar las páginas con las flechas ascendentes y descendentes o también escribir los número de página directamente.
Imprimir	Esta opción es muy interesante, ya que puede seleccionar entre los tipos siguientes:
Selección	Si ha seleccionado un área y quiere imprimirla, seleccione este punto. Selecciónelo antes independientemente de las demás áreas, entonces Excel imprime en una página propia, algo que el usuario normalmente no quiere. Más tarde le describiremos cómo puede conseguir imprimirlo todo en una página.
Todo el libro	Si quiere imprimir todas las hojas del libro.
Hojas activas	Si quiere imprimir algunas hojas o sólo una. Si quiere imprimir sólo la primera, tercera y quinta hoja, debe marcar esta opción.

Número de copias	Puede decidir el número de copias que deben imprimirse de este archivo y si la impresión debe ordenarse.
Vista previa	Si activa esta opción, aparece una visualización de la página. Ésta puede ser activada mediante este botón.

Sólo quiero imprimir las columnas A, C y F

Si utiliza la opción *Imprimir/Selección*, Excel imprimirá lo que usted le indique, pero en páginas diferentes. Si quiere imprimir el área en una sola hoja, haga desaparecer las columnas que no deben ser impresas y seleccione el área. Haga la selección pulsando sobre el botón de opción *Selección* en el área *Imprimir* del cuadro de diálogo *Imprimir*. Obtendrá el resultado que deseaba.

Defina un área de impresión fija

1. Si quiere imprimir siempre un área fija, seleccione este área.

2. Seleccione *Archivo/Área de impresión/ Establecer área de impresión*.

3. El área de impresión quedará representada con una línea.

4Si quiere cambiar a la visualización de la página, vea que sólo aparece el área de impresión.

5. Si quiere borrar el área de impresión, seleccione *Archivo/Área de impresión/Borrar área de impresión*.

Así también podrá imprimir el título

En los archivos de gran tamaño ocurre, como es normal, que un archivo pueda ocupar más de tres páginas. El problema es que luego comprueba que a partir de la segunda página faltan los títulos de columna, como por ejemplo, los que indican los meses o los artículos en la parte superior de la columna. ¿Qué se puede hacer?

Si no conoce la función que le proporciona Excel, eso será algo más complicado, ya que primero ha de buscar el salto de página, que puede ver en la vista previa de la página. Añada una fila en el salto de página, copie el título en esa posición y repita eso en todas las filas. También puede utilizar la función que le ofrece Excel, *Repetir filas*.

Cómo activar la función para repetir filas

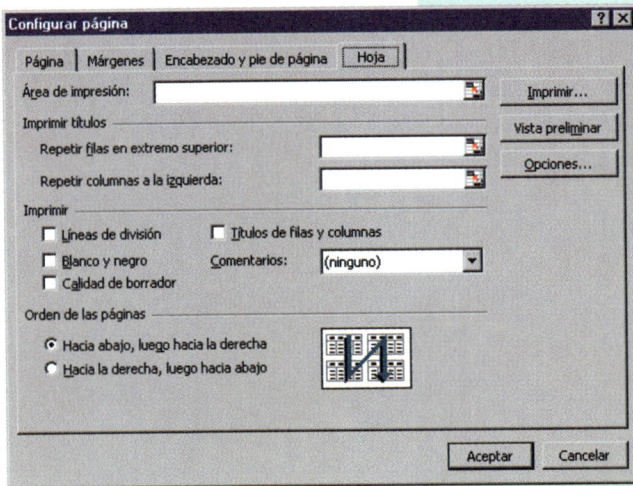

1. Active la opción de menú *Archivo/ Configurar página...* y, una vez esté ahí, la ficha *Hoja*.

2. En esta ficha podrá ver el campo *Repetir filas en extremo superior*. Pulse con el ratón sobre él.

3. En el fondo podrá ver su hoja. Pulse con el ratón sobre el título de la fila que desee y ésta quedará marcada.

4. En el campo *Repetir filas en extremo superior* se entrarán los números de fila con un signo $. Si selecciona la fila número 2, aparecerá *$2:$2*. Si ha marcado las filas tres y cuatro, aparecerá *$3:$4*.

5. Pulse con el ratón sobre *Aceptar*. Ahora las filas seleccionadas también se imprimirán en las páginas siguientes.

Lo mismo ocurre por repetir columnas en el campo *Repetir columnas a la izquierda* si tiene una hoja con una ancho superior al de una página.

La repetición de filas no está activa

Eso ocurre porque usted se encuentra en la visualización de la página. Salga de ésta y active *Archivo/Configurar página...* fuera de la hoja.

Se trata del número de la columna en la que se encuentra lo que ha escrito. Si en la tercera columna hay algo que debe ser introducido, escriba allí el número 3.

Ordenado

Introduzca el valor "falso" si se trata de una tabla sin ordenar. También puede escribir "falso" si la tabla está ordenada. O sea, fíjese sólo en que lo único necesario es escribir "falso". Si lo olvida, pueden producirse errores, pero lo normal es que no se produzcan. Al principio puede ser difícil dominar esa función, pero si va probando, no le supondrá ningún problema. Vea ahora algunos ejemplos para saber cómo actúa esta función.

3. Mejore el aspecto de su hoja

Después de sus primera pruebas para conocer los fundamentos de Excel, veamos las posibilidades de formato

Cómo mejorar el aspecto de las columnas

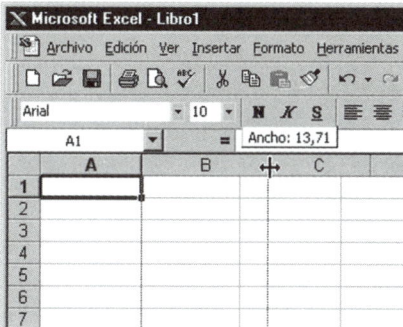

1. Para modificar el tamaño de las columnas, dirija el puntero del ratón entre los límites de los títulos de columna. Verá que la forma del puntero cambia y se convierte en una línea con dos flechas.

2. Mantenga pulsado el botón del ratón y muévalo hacia la izquierda para ensanchar la columna, o hacia la derecha si lo que desea es estrecharla. El ancho de columna estará indicado por un texto informativo.

3. Si deja de pulsar el botón del ratón, el ancho de columna quedará modificado.

Si quiere modificar varias columnas, selecciónelas antes y modifíquelas con el método antes descrito.

Puede suceder que usted no sepa qué ancho debe tener la columna y lo único que tenga claro es que la hoja es muy larga. En ese caso, deje que Excel se encargue de ello.

Excel adapta el ancho de columna

1. Vaya de nuevo a la delimitación entre columnas.

2. Ahora no mueva nada, sino que debe pulsar dos veces con el ratón (es muy importante que aparezca el símbolo para ensanchar columnas).

3. La columna tiene ahora el ancho óptimo. Eso se ha conseguido porque Excel ha buscado la entrada más larga y ha adaptado todas las demás columnas a ese tamaño. Es muy práctico que Excel le ahorre todo ese trabajo.

¿Qué significa: #######?

Si aparece esta secuencia de caracteres en una celda es porque Excel le indica que en la celda hay un número mayor que el ancho de columna. Eso significa que debe aumentar el tamaño de la columna.

Cómo ocultar columnas

Quizá recuerde que hemos hablado de ello en el apartado sobre imprimir. Le comentábamos que debe hacer desaparecer columnas (para poder imprimir columnas situadas independientemente de otras).

1. Seleccione las columnas que debe ocultar.

2. Fíjese que el puntero del ratón se encuentre en el área seleccionada y con el botón derecho del ratón active el menú contextual.

3. Seleccione la opción *Ocultar* de dicho menú.

4. Las columnas quedarán ocultas. Pero también podrá apreciar que no han sido borradas, ya que las letras de las columnas ocultas han desaparecido.

5. Para que esas columnas vuelvan a aparecer, sólo tiene que seleccionar las dos columnas contiguas y seleccionar la opción *Mostrar* del menú contextual.

Ocultar resultados provisionales

Aproveche las posibilidades de la opción *Ocultar* para fórmulas complejas. A veces puede ser más sencillo desarrollar una fórmula compleja en varias columnas y ocultar el resultado provisional.

O quizá quiere que alguna columna no se imprima, como por ejemplo, una lista de precios con los precios de compra (no la quiere mostrar a sus clientes). Los cálculos se mantienen, pero se ocultan sin tener que borrarlos.

Formatos increíblemente rápidos

Abra el archivo *Volumen.xls* (era el archivo del capítulo anterior). Si aún no tiene el archivo, créelo según la hoja que se encuentra abajo.

Veamos las formas más rápidas de formato, ya que pueden ahorrarnos mucho trabajo.

	A	B	C	D	E
1					
2					
3	Artículos	Precio	Cantidad	Total	
4	Pantalón	252,00	20,00	5040	
5	Camisa	365,00	36,00	13140	
6	Suéter	854,20	98,00	83711,6	
7					
8					

Pero para que todo tenga el mismo valor, primero debe ampliar las fórmulas en la hoja, ya que aún necesita la suma total. Puede borrar éstas como la fórmula total de la columna de la derecha (hay fórmulas más sencillas, pero primero debemos crear una y, en segundo lugar, iremos a las sumas).

Fórmulas para las sumas

1. Vaya a la celda B7.

2. Introduzca el símbolo "+" (exacto, así Excel sabe que quiere efectuar un cálculo).

	A	B	C	D	E
1					
2					
3	*Artículos*	*Precio*	*Cantidad*	*Total*	
4	Pantalón	252,00	20,00	5040	
5	Camisa	365,00	36,00	13140	
6	Suéter	854,20	98,00	83711,6	
7		+B6+B5+B4			
8					
9					

3. Vaya a la celda B6 con las teclas del cursor y entre un signo "+" (ya que quiere sumar los campos).

4. Introduzca de nuevo "+" y cambie a la celda B5. Luego introduzca "+" en B4. Su fórmula debe ser como la que aparece en la figura siguiente.

5. Confirme ahora con la tecla <Enter> (no escriba ningún otro signo "+", porque ha acabado la fórmula, pero si lo hace, Excel se dará cuenta del error y le propondrá una corrección).

6. Ahora ya ha creado la fórmula.

Ahora aún debe copiar la fórmula hacia la derecha con la función *Autorrelleno*. Recuerde que hay un pequeño cuadro en la esquina inferior derecha de su indicador de celda que se convierte en una cruz, entonces es cuando puede desplazarlo a la derecha).

Escriba en la celda A8 la palabra "Total" y entonces empezará el formato.

Ahora el formato irá muy rápido

1. Mueva el indicador de celda hacia alguna parte de la hoja.

2. Seleccione ahora la opción *Formato/Autoformato...*

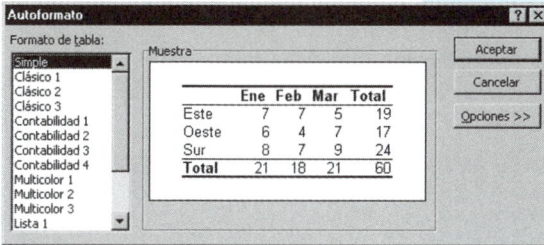

3. En el cuadro de diálogo *Autoformato* puede ver las distintas descripciones y también obtendrá una pre-visualización en la parte derecha.

4. Si pulsa con el ratón sobre un formato de la izquierda, a la derecha puede obtener una muestra.

5. Pruebe con el formato *Simple* y pulse con el ratón sobre *Aceptar*.

Si mira otro tipo de formato podrá comprobar que todos tienen un aspecto bastante atractivo, pero ¿puede imprimir hojas en color? Normalmente no y, una vez impreso, esos formatos tan fantásticos presentan un aspecto bastante aburrido.

Los efectos 3-D (tridimensionales) siempre quedan muy bien, pero quizá es mejor probarlo primero con la impresora, en la mayoría de casos el efecto es muy atractivo, mientras que otros formatos ofrecen una imagen bastante confusa.

Estos botones se encuentran en la barra Formato

La mayoría de formatos funcionan mediante la barra de herramientas *Formato*. En principio, primero debe seleccionar las celdas a las que quiere establecer un formato, de lo contrario Excel no sabe qué celdas quiere modificar.

Muévase por la barra de izquierda a derecha, recuerde que tiene de nuevo la posibilidad de obtener información sobre cada elemento (siempre y cuando sitúe el puntero del ratón sobre el botón del que quiere recibir información). En la siguiente tabla podrá ver una breve descripción de cada uno de los botones:

Botón	Significado
Fuente	Aquí puede modificar el tipo de fuente. Las letras TT delante del nombre de una fuente significan que se trata de una fuente True Type.
Tamaño de fuente	Modifica el tamaño de la fuente. Si el tamaño que desea configurar no aparece predefinido, puede introducirlo manualmente.
Negrita, Cursiva	Botón para negrita y cursiva, que pueden utilizarse también en combinación. Aquí es posible utilizar igualmente las combinaciones de teclas <Ctrl> + <N> para negrita, y <Ctrl> + <K> para cursiva.
Subrayado	Botón para realizar subrayado, que también puede realizarse con la combinación de teclas <Ctrl> + <S>.
Alinear a la izquierda, centrar, alinear a la derecha	Aquí puede modificar la alineación de las celdas. Para ello se cambia la alineación estándar (es decir, el texto alineado a la izquierda y los números a la derecha).
Combinar y centrar	Con este botón puede centrar celdas en un área determinada, que puede abarcar varias celdas.
Estilo moneda	Añade Pts. a las cifras.
Estilo porcentual	Inserta el formato de tanto por ciento.
Estilo millares	Añade un punto como separador de millares, de tal manera que 1000 se convierte en 1.000.
Aumentar decimales	Aquí puede añadir decimales, siempre de uno en uno.
Disminuir decimales	Con este botón puede eliminar, de uno en uno, los decimales más a la derecha.
Disminuir sangría	Las sangrías no se utilizan mucho en las tablas, no obstante, este botón le ofrece la posibilidad de reducir sangrías paso a paso
Aumentar sangría	Este botón le permite ampliarlas
Bordes	Aquí encontrará una paleta con los formatos más utilizados para marcos.
Color de relleno (Color)	Si desea modificar el color del fondo, pulsando este botón se le mostrará la paleta correspondiente.
Color de fuente (Color)	Con este botón puede modificar el color de la fuente.

Centrar un título mediante una hoja

	A	B	C	D
1				
2		Estadística de ventas		
3	**Artículos**	**Precio**	**Cantidad**	**Total**
4	Pantalón	252,00	20,00	5040
5	Camisa	365,00	36,00	13140
6	Suéter	854,20	98,00	83711,6
7	Total	1.471,20		
8				
9				

Si quiere trabajar con el botón *Centrar*, el contenido sólo quedará centrado dentro de la celda o celdas seleccionadas.

Puede apreciar que el título queda perfectamente centrado en la tabla. También puede ver que el indicador de celda ha aumentado de tamaño.

1. Seleccione el área en la que hay que centrar, en el ejemplo anterior el área va de A2 hasta D2.

2. Ahora seleccione el botón *Combinar y centrar*.

3. Ahora el título del área seleccionada quedará centrado.

Pulsar con el ratón sobre el símbolo *Alinear a la izquierda* tiene un funcionamiento muy similar, ya que el texto aparece alineado a la izquierda, pero todo sigue estando en una celda demasiado grande.

Vaya a la ficha *Alineación* situada en el cuadro de diálogo *Formato* de celdas al que se llega a través de la opción *Celdas...* del menú *Formato*. En la ficha verá una casilla de verificación llamada *Combinar celdas.* Si está activada, desactívela y luego pulse sobre *Aceptar.* Comprobará que vuelve a tener todas las celdas.

¿Puedo alinear también verticalmente?

Quizá ha pensado en ello cuando ha visto la ficha *Alineación* con algo de detenimiento. Como puede ver, parece ofrecer posibilidades muy interesantes.

1. Escriba en una celda la palabra "Prueba" y cópiela con la función de autorrelleno en la columna F. En la figura inferior puede ver todo lo que se puede hacer con esta función. En la fila 3 verá el resultado y en la fila 5 la configuración que se lleva a cabo en el cuadro de diálogo.

2. El salto de línea en una misma celda se consigue con la combinación de teclas <Alt>+<Enter>. Eso significa que debe utilizar esa combinación de teclas en el lugar donde debe producirse este salto. El texto aparecerá en la fila siguiente. La altura de la celda se adapta automáticamente.

3. Si más adelante quiere borrar un texto, la fila recupera el tamaño que tenía anteriormente. Para modificarlo, siga el proceso similar al del ensanche de columnas. Sitúese en el límite entre las filas. El puntero del ratón vuelve a cambiar y ahora ya puede modificar la altura de las filas mediante el movimiento con el ratón. Aquí también funciona el truco de pulsar dos veces con el ratón para conseguir la altura óptima.

Como ve, Excel le ofrece un amplio abanico de posibilidades.

Mismo formato en varias celdas

Si desea tener en varias celdas el mismo formato pero no quiere copiar el contenido de una celda, Excel le proporciona el botón de la barra de herramientas *Estándar* Copiar *formato*.

Con este botón puede copiar formatos.

1. Seleccione el campo en el que se encuentra el formato que desee copiar.

2. Pulse con el ratón sobre el botón *Copiar formato*.

3. Pulse con el ratón en el lugar en el que el formato debe ser copiado.

4. El formato ha sido copiado y la función ha terminado.

Como puede ver sólo ha copiado el formato, pero todo lo que había en la celda no ha sido copiado.

También puede copiarse varias veces

Pulse dos veces con el ratón sobre el botón *Copiar formato*, para poder copiar el formato tantas veces como quiera. Puede desactivar esta función pulsando la tecla <Esc> o pulsando con el ratón otra vez sobre el botón.

Cómo conseguir el formato numérico deseado

Ahora ya conoce los formatos para dar un mejor aspecto visual a su hoja, pero aún quedan por ver con más exactitud los formatos numéricos, ya que tras ellos se esconden muchos aspectos que pueden resultarle muy interesantes.

Como ya hemos dicho al principio, no vamos a preocuparnos del formato numérico a la hora de introducir datos, sino que nos dedicaremos a modificar su aspecto mediante el formato.

Primero veremos algo un poco complicado. Quizá ya se ha preguntado por qué le hemos recomendado la combinación de teclas <Ctrl> + <Mayús> + <1> para asignar el formato numérico decimal. Eso también funciona mediante el símbolo con la separación de unidades de millar.

Pruébelo y se dará cuenta que el resultado no es especialmente impresionante, ya que su número presenta este aspecto.

	A
1	1.000,00

Todos los intentos de alinear este botón son en vano, ya que éste se mantiene en el mismo sitio y nos deja un espacio inmenso a la derecha.

El motivo es que posee un formato de contabilidad, ya que si coloca un número debajo y lo formatea como moneda, verá que en ese espacio vacío se adapta también el símbolo de pesetas.

Ahora verá qué debe hacer si no conoce la combinación de teclas.

Cómo crear un formato numérico decimal con dos cifras detrás de la coma

1. Seleccione las celdas que tenga pensado modificar.

2. Active la opción *Celdas...* del menú *Formato* o utilice la combinación de teclas <Ctrl> + <1>. Seleccione la ficha *Número*.

3. En el cuadro de lista *Categoría*, seleccione la opción *Número*.

4. Active con el ratón la casilla de verificación *Usar separador de miles (.)*.

5. Confirme con *Aceptar*.

Ahora los números tienen el formato que usted quería.

Cómo marcar los campos adecuados

A partir de ahí puede llegar a la conclusión de que, si asigna un formato numérico, esto afectara a la mayor parte de la columna. De ese modo, si asigna un formato numérico seleccione toda la columna o directamente varias columnas. Tenga presente la posibilidad de seleccionar celdas que no están situadas de manera contigua con la tecla <Ctrl>. Eso no produce ningún efecto si ha dado formato a celdas de una columna y luego las celdas quedan vacías.

Hay varios tipos de formato. Fíjese, antes de ir al cuadro de diálogo *Formato de celdas* que se encuentre en una celda en la que hay un número, ya que entonces, en el área *Muestra*, podrá ver directamente cómo el formato modifica su número.

En la siguiente tabla podrá ver las diferentes categorías que encontrará en este cuadro de diálogo:

Categoría	Descripción
General	Este es el formato estándar, sin formato numérico específico: el texto alineado a la izquierda y las cifras a al derecha.
Número	Aquí se configuran los lugares decimales y el separador de millares.
Moneda	Aquí dispone de un amplio número de formatos moneda para elegir. Pulse el cuadro de lista podrá elegir entre todas las monedas.
Contabilidad	El formato ideal que le guarda espacio en caso de que quiera añadir una cifra con el formato de moneda correspondiente.
Fecha	Formato para la fecha
Hora	Diferentes formatos para la hora
Porcentaje	El formato en tanto por ciento también está muy cuidado, ya que Excel realiza el cálculo por sí mismo.
Fracción	Se introduce un número decimal y Excel calcula el quebrado que se indique.
Científica	Este botón le permite utilizar la notación exponencial.
Texto	Utilice este botón siempre que quiera trabajar con números y que Excel los reconozca como texto.
Especial	Diferentes formatos especiales.
Personalizada	Este es sin duda el formato más interesante, ya que le permite definir su propio formato.

¿Qué hacemos con el euro?

En algún momento, se escribirá el símbolo del euro mediante la combinación de teclas <Alt Gr>+<E>, según dice la Comisión Europea, pero eso aún no funciona. Si dispone de acceso a Internet puede bajar gratis software de la página de Microsoft con el que puede ver una serie de fuentes (Tahoma, Comic Sans MS y Monotype) cuya versión actualizada incluye el símbolo del euro. La dirección es:

http.//www.eu.microsoft.com/windows/euro.asp

Pequeñas particularidades
del formato numérico estándar

Seguramente ya cree que, más o menos, domina Excel, aunque en los próximos minutos igual piensa lo contrario.

1. En una hoja vacía escriba "10000" en la celda A2 y asígnele formato decimal.

2. Ahora escriba en A3 "17/12/98".

3. Ahora elimine los dos números y escriba en A2 "17/12/98". ¿Qué ocurre? Claro, ahora en la celda aparece *36.146,00*.

4. Y ahora mire lo que ocurre cuando escribe "10.000,00" en la celda A3. Lógicamente, el resultado es *18/05/27*.

Se han producido dos fenómenos que le habrán dejado totalmente confundido.

Primero, si una celda tiene formato estándar y usted introduce una fecha, Excel asigna este formato a ese campo automáticamente. El problema es que el usuario no sabe, que se ha dado formato a este campo.

En líneas generales, eso vale también para todos los formatos que usted introduce. Si ha escrito "01/98" en una celda (como resultado aparecerá entonces *ene-98*), entones puede escribir tantas veces como quiera "17/12/98", el resultado siempre será *dic-98*, ya que éste es el formato numérico que usted ha introducido. Puede comprobarlo si activa el cuadro de diálogo *Formato de celda*. Verá que Excel salta a la categoría *Fecha* y muestra este formato. Si quiere tener la fecha completa, seleccione el formato 04-03-97 y confirme con *Aceptar*. Aparecerá la fecha tal como usted ha indicado.

O sea, que algunas entradas que usted efectúa son, al mismo tiempo, formatos. Lo mismo también se puede aplicar a las entradas en porcentajes.

Cómo introducir más rápido una fecha

Si introducir una fecha utilizando el símbolo de división del teclado numérico le parece un método demasiado lento, puede seleccionar toda la columna y asignarle el formato fecha 04-03-97. Escriba entonces "17/12" y automática aparecerá 17/12/98. Sin embargo, si quiere escribir una fecha de otro año, deberá hacerlo manualmente.

El primer problema ha sido resuelto, pero ¿por qué aparece 18.05.27 en la celda A2 y 36.146,00 en la celda A3 cuando debería aparecer 17/12/98 y 10.000 respectivamente?

Esto es debido a que Excel es capaz de efectuar un cálculo con una fecha debido a que los cálculos sobre intereses funcionan sobre la base de la fecha, y Excel está capacitado para realizar cálculos con ella.

Sin embargo, Excel no puede calcular con una fecha normal, sino que necesita un número para ello. El cálculo temporal de Excel empieza en el 01/01/1900. Esa fecha tiene el número decimal 1. El 02/01/1900 tiene, por tanto, el número decimal 2. Ahora puede conocer los dos fenómenos que le han producido ese estado de confusión.

Cuando introdujo "10000", le habíamos dicho que debía dar formato decimal a este valor. Cuando sustituyó el número 10000 por la fecha, la celda mostró el número *36.146,00*, ya que el 17/12/98 es el día 36.143º después del 01/01/1900. Debe seleccionar el formato *Fecha* y aparecerá el 17/12/98 que quería.

Y lo mismo ha ocurrido a la inversa al introducir la fecha. Ha dado automáticamente un formato. Cuando ha escrito un número decimal en lugar de la fecha, ha aparecido *18/05/27*. Eso significa que esa fecha es el 10.000º día después del 01/01/1900. Pero como ya se había fijado el formato decimal, Excel no podía representar el formato de archivo. Puede asignar el formato decimal con <Ctrl> + <Mayús> + <1> y volverá a tener el número 10000.

Pruébelo, ya que al leer parece todo muy complicado, pero si lo prueba, le resultará más fácil.

Quiere un formato numérico que no existe

Excel es muy generoso en lo que se refiere a formatos numéricos, aunque a veces no lo suficiente, ya que cuando necesite realizar entradas como "001", "002", "003", etc. Excel hará que desaparezcan los ceros de la izquierda.

O quizá tiene números de clientes que siempre empiezan por "123" seguidos por el número del cliente separado por un guión. Seguramente no querrá introducir siempre "123", puede hacer que sea Excel el que se encargue de ello. Como último ejemplo, quizá quiera combinar texto y número, como, por ejemplo, "AB854XY".

Para todos esos problemas puede crear un formato numérico personalizado.

Pulse en la opción *Celdas...* en el menú *Formato* y seleccione la categoría *Personalizada*.

Verá que en la parte derecha aparece la palabra *Tipo* y, bajo dicha palabra, hay un cuadro de texto. Si dirige el puntero del ratón hacia allí, éste pasa a ser un símbolo del texto. Pulse con el ratón en el campo y podrá borrar la última entrada y dar un nuevo formato numérico, pero para ello debe indicarle qué posibilidades tiene.

Vaya, por ejemplo, al primer ejemplo. Queríamos que apareciera *001*, por lo que debe escribir "000" en el cuadro de texto. Si ahora quiere escribir un "1" en la hoja, aparecerá *001*.

Si quiere utilizar los números de cliente que siempre empiezan por "123-" (así era uno de nuestros ejemplos), debe decidir primero cuántas cifras deben aparecer detrás de 123. Supongamos que deben aparecer cinco cifras.

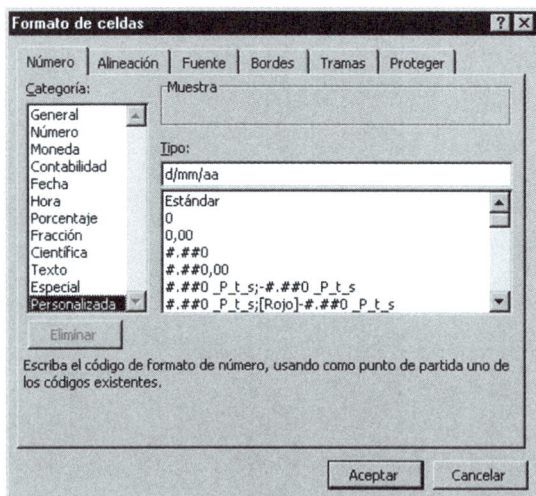

Ahora tiene esas dos posibilidades: el número puede ir directamente detrás de 123-, o bien puede llenar con ceros los espacios que sobran. Es decir, puede ser 123-17 ó 123-00017. Si los números tienen que ir justo detrás, debe escribir en el menú el formato de la siguiente manera:

"123-#####"

Pero si quiere que aparezcan los ceros, la entrada debe ser así:

"123-00000"

El número de ceros o de "#" representa la cantidad de cifras que deben aparecer detrás de 123.

Si introduce el símbolo #, sólo aparecerán las cifras que escriba, pero si escribe ceros, Excel actuará de la siguiente manera: si establece un formato con cinco ceros y, una vez en la hoja, escribe el número 17, Excel considera que debe llenar con tres ceros el espacio que falta para que el número ocupe cinco cifras.

	A	B	C	D	E	F
1	**Formato con 0's**	Formato con #s				
2						
3	**123-00000**	123-#####				
4						
5	123-00001	123-1				
6	123-00017	123-17				
7	123-00171	123-171				
8	123-01717	123-1717				
9						
10						
11	También podemos hacerlo con texto					
12						
13	**"AB"000**	"AB"###				
14						
15	AB001	AB1				
16	AB010	AB10				
17	AB100	AB100				
18	AB1000	AB1000				
19						

Es muy importante que a partir de ahora sólo introduzca los números variables, ya no tiene que introducir 123- porque Excel lo hará automáticamente.

Existe una cantidad ilimitada de posibilidades de formatos numéricos personalizados. En cualquier caso, lo ideal es que le ahorren mucho tiempo al trabajar con ellos.

Algunos caracteres no pueden ser incluidos en un formato numérico y entonces Excel mostrará un mensaje de error por no poder crear ese formato. Eso le puede pasar, por ejemplo, con la barra "/". Sin embargo, si quiere tener un carácter así, escríbalo entre comillas y funcionará.

¿Cómo obtener la fecha 23.01.2000 como formato numérico?

Este formato no está predeterminado en Excel, pero es algo que puede cambiarse gracias a la categoría *Personalizada.*

Hay una serie de marcadores para la representación que puede ver en la siguiente tabla:

Formato	Resultado
d	1
dd	01
ddd	Lun
dddd	Lunes
m	1
mm	01
mmm	Ene
mmmm	Enero
aa	98
aaaa	1998
Veamos a continuación algunos ejemplos de formato numérico	
d.m.aa	1.1.99 o 11.11.99
dd.mm.aaaa	1.1.1999 o 11.11.1999
Una fecha realmente larga sería, por ejemplo:	
dddd, a continuación dd.mmmm.aaaa	Viernes, 01 de Enero de 1999

Para todas las fechas debe escribir, por ejemplo, "1/1/98". Aparecerá el resultado completo.

Atención, esto es una fuente de errores

Recuerde que debe escribir todos los marcadores tal y cómo aparecen en la tabla, de lo contrario podrían surgirle errores.

4. Así funciona Excel al calcular

Ya ha efectuado cálculos con Excel al principio del libro. La información que ha recibido, en teoría, debería ser suficiente.

1. Para comenzar la introducción de la función, debe introducir el carácter "+".

2. Luego diríjase a las celdas correspondientes con las teclas del cursor.

3. Una vez ha seleccionado una celda, introduzca la función matemática.

4. Siga así hasta que la fórmula esté terminada. Al final, confirme con la tecla <Enter>.

Haga que los resultados provisionales aparezcan en las fórmulas

A veces es necesario un resultado provisional a la hora de establecer la fórmula.

También puede comenzar una formula pulsando con el ratón sobre el signo "=" de la *Barra de fórmulas*.

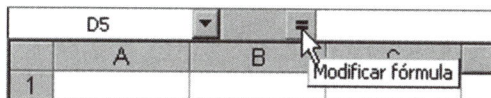

Como puede ver, bajo la barra de fórmulas se abre una ventana en la que aparecen los resultados provisionales pulsando en una celda.

Para terminar la fórmula pulse <Enter> o pulse con el ratón sobre *Aceptar*. El indicador de celda también se mantiene en la fórmula.

Los fallos en procesos de cálculo generalmente no se deben a Excel, sino simplemente, a problemas matemáticos. Para poderlos dominar, vamos a ver unos ejemplos para superar los obstáculos de las matemáticas.

Reglas generales para la creación de fórmulas

En las fórmulas no deben existir números, sino referencias de celda, ya que si ha creado una fórmula, se fiará del resultado de Excel. Es decir, si crea fórmulas, parta de que el resultado cambiará automáticamente si cambia los números. Sin embargo, si tiene números fijos en lugar de referencias de celda, los números no varían lo que puede ocasionarle algún que otro lío.

Sólo hay dos números de gran utilidad en una fórmula: 100 y 12. El 100 si trabaja con porcentajes, y el 12 si calcula con meses. En estos casos, Excel no puede cambiar nada.

Pero fundamentalmente todos los números de una tabla son modificables. Debe tener bien claro este principio, ya que sus hojas sufrirán varias modificaciones.

Excel calcula mal

Por favor, calcule la fórmula siguiente:

2+5*3

Aunque pueda parecer que el resultado final es 21, la realidad es muy diferente, ya que el resultado correcto es 1**7.** Si introduce esa fórmula en Excel (piense en la tecla < + > de la fórmula), comprobará que el resultado es, realmente, 1**7.** Algunos usuarios de Excel (concretamente los que creen que el resultado es 21) pueden pensar que Excel ha calculado mal, pero sólo sigue un principio matemático que dice así:

En los cálculos, la multiplicación precede a la suma.

¿Cómo podría convencer a Excel de que el resultado es 21? Exacto, debe escribir la primera operación entre paréntesis. La fórmula quedaría de la siguiente manera:

(2+5)*3

O sea, primero el paréntesis, luego el producto.

Quizá también quepa mencionar que en la multiplicación puede cambiarse el orden de los factores (recuerde la propiedad Conmutativa), lo cual no es válido en la división, ya que alteraría el resultado.

Regla de tres

Para las operaciones con porcentajes necesita la regla de tres. Eso es algo bastante sencillo, veamos en qué consiste:

12 albañiles	24 botellas de cerveza
20 albañiles	x botellas de cerveza

Primero debe averiguar cuántas botellas se bebe un albañil:

24/12=2

Al dividir las 24 botellas por los 12 albañiles, averiguamos que cada albañil bebe dos botellas. Debe multiplicar este resultado por 20, el número de albañiles, y así obtendrá el resultado.

20*2=40

En la escuela se aprenden dos formas distintas de regla de tres. Una es como la que acabamos de calcular (posiblemente la forma más lógica), es decir, el primer paso consiste en una división y luego se multiplica. El otro sistema consiste en empezar con la multiplicación y luego seguir con la división. Seguro que la mayoría seguían este último sistema en la escuela, por eso creemos que era mejor elegirlo para los ejemplos siguientes. Si usted aprendió otro sistema puede utilizarlo en la fórmula, siempre y cuando lo haga correctamente.

¿Cómo se sitúan los elementos de una regla de tres?
En la regla de tres es muy importante que siempre agrupe las mismas unidades. Por ejemplo: agrupe las pesetas con pesetas, no con porcentajes.

Esos son los fundamentos de la regla de tres y, como ya le hemos dicho, es necesaria para las operaciones con porcentajes.

Al crear una nueva regla de tres, dedíquese primero a buscar el 100% e introdúzcalo. Ahora ya tiene la mitad, ya que sólo debe colocar el resto de los factores en las unidades correspondientes de la regla de tres.

	A	B	C	D	E
1					
2					
3		**Regla de tres**			
4					
5	Precio de compra	Porcentaje	Precio de venta		Qué debemos calcular?
6					
7	150,00	20	???		Precio Bruto
8	???	30	90,00		Precio Neto
9	150,00	???	190,00		Aumento
10					

Los siguientes ejemplos se calcularán en un instante (todos los cálculos se han efectuado sin el formato porcentual, pero de eso hablaremos más tarde).

Cómo calcular el precio en bruto

Coja una hoja de papel y apúntelo todo, ya que es mucho más sencillo que calcular mentalmente.

Primero la regla de tres:

100%   150   Pts.
20%   x   Pts.

A continuación, la operación matemática:

20*150/100

Ahora debe efectuar la conversión a formato de Excel. Busque las celdas de la hoja en las que se encuentre el contenido correspondiente:

+B7*A7/100

Si ha realizado este cálculo, podrá comprobar que el resultado es 30. Esto es así ya que en la regla de tres sólo hemos preguntado por el 20 %, y esto es sólo el aumento, que es ahora de 30 Pts. ¿Qué se puede hacer? Exacto, sumamos el precio de compra en la fórmula y ya tenemos el resultado que queríamos. La fórmula ahora es así:

+B7*A7/100+A7

El resultado en Excel es ahora de 180,00 Pts. ¿Cómo podemos modificar posteriormente la fórmula?

Cómo modificar una fórmula posteriormente

1. Cambie a la celda C7.

2. Pulsando la tecla <F2> podrá modificar el contenido de esa celda. Sin embargo, no podrá desplazarse a otras celdas utilizando las teclas del cursor, ya que ahora se mueve con éstas dentro de la fórmula.

3. Introduzca ahora un "+" para añadir la nueva referencia de celda.

4. Pulse con el ratón sobre A7 y la celda quedará registrada en la fórmula. Confirme todo el proceso con <Enter>.

Como ya ha visto, no debe utilizar paréntesis en la fórmula para que el resultado sea el correcto. Sin embargo, algo muy recomendable sería colocar B7*A7/100 entre paréntesis, ya que entonces puede saber que pasos pertenecen al mismo grupo. Como es lógico, sólo puede colocar estos paréntesis si no modifican el resultado

Crear fórmulas como las del ejemplo, paso a paso, no es en absoluto complicado. Lo importante es que el resultado sea correcto.

Ahora calcule el precio neto

Ahora viene algo más problemático, ya que le vamos a mostrar la regla de tres para esta fórmula.

130%   90 Pts.
100%   x Pts.

¿Por qué escribimos 130 % en lugar de 100 %? Eso se debe a que el precio bruto es de 90 Pts. Eso significa que ya contiene el incremento. Eso también sirve, por ejemplo, para el impuesto sobre el valor añadido. Si quiere calcular el precio neto, el porcentaje asignado al precio total debe ser 116%.

Cálculo matemático	Cálculo con Excel
100*90/130	+100*C8/(100+B8)

Seguro que ha visto que su hoja no contiene el 130, sino sólo 30. Ya le hemos dicho al principio que no es recomendable escribir números en una fórmula, pero como el número 100 se utiliza exclusivamente para calcular porcentajes en este ejemplo, puede conseguir el 130 con B8+100. Como es una suma, el cálculo debe ir entre paréntesis. El resultado final es, por lo tanto, de 69,23 Pts.

> **Cómo puede estar seguro de que el resultado es incorrecto**
>
> En principio, también debe verificar todo lo que ha calculado, con lo que puede conseguir introducir tranquilamente cifras que le serían más difíciles de calcular mentalmente. Pero también puede introducir las cifras de otros resultados. En nuestro ejemplo, en lugar de las 90 Pts., introduzca las 180 Pts. de la primera factura, y sustituya también el incremento. Si el resultado es igual a 150, éste es correcto. Al mismo tiempo, también puede comprobar que su fórmula es correcta, ya que ha modificado todas las cifras, pero la fórmula sigue siendo correcta. Si hubiera introducido 30 % manualmente, el resultado no se habría actualizado.

No hay dos sin tres: ahora viene el incremento

Ahora también necesita la regla de tres.

150 Pts.	100%
190 Pts.	x%

Cálculo matemático	Cálculo con Excel
190*100/150	+C9*100/A9

Probablemente, no le parecerá un resultado muy satisfactorio, ya que no puede ser 126,67. Ahora tenemos uno de los problemas típicos: conocemos el resultado, pero ¿cómo podemos decírselo a Excel? El resultado correcto es 26,67.

Observe ahora la regla de tres. Como puede ver, establecemos que 190 sea x%, pero en realidad eso queremos hallar el incremento.

Corrija la fórmula hasta que quede así:

+ (C9-A9)*100/A9

O bien "haga trampas" con la solución quitando 100 al resultado final. Eso también funciona y, aunque no es una consecuencia matemática lógica, es un paso muy fácil de realizar.

+ (C9*100/A9)-100

En este caso también necesita los paréntesis. No por razones matemáticas, sino para tener más claridad.

Ya ha aprendido los tres tipos de cálculo porcentual:

- Cargar porcentaje
- Restar porcentaje
- Diferencias porcentuales de los dos valores

Algo que siempre es útil: escribir la regla de tres

Seguramente, los dos sistemas que le presentamos anteriormente implican mucho tiempo y esfuerzo. Además, usted no lo necesita si domina el cálculo porcentual, pero para empezar es la forma más sencilla si no se ve capaz de solucionar esas fórmulas.

Si ya está experimentado, alguna vez dejará de escribir cálculos matemáticos y, después, también suprimirá el sistema Excel.

Pero hay algo que sí se debe mantener: escribir la regla de tres. Quizá cree que no vale la pena, pero por muchos cálculos que uno haga, siempre es bueno anotar una regla de tres. Lo importante es saber qué se multiplica y por qué se divide. De lo contrario, hay que retener la regla de tres en la cabeza, algo mucho más difícil que anotarla simplemente.

¿Es necesario el formato porcentual?

Escriba ahora "100" en una celda. Dele formato a esta celda pulsando el botón *Estilo porcentual* en la barra de herramientas *Formato*

Verá que el *100* pasa a ser *100000*%. Si da un formato de porcentaje a un número, Excel lo multiplica por 100 automáticamente.

La primera fórmula, con el formato porcentual, será así:

Sin embargo, no conseguirá calcular el incremento, ya que en la fórmula no hay ningún **100*.

Un consejo: aunque al principio anote la regla de tres, deje fuera la multiplicación por 100.

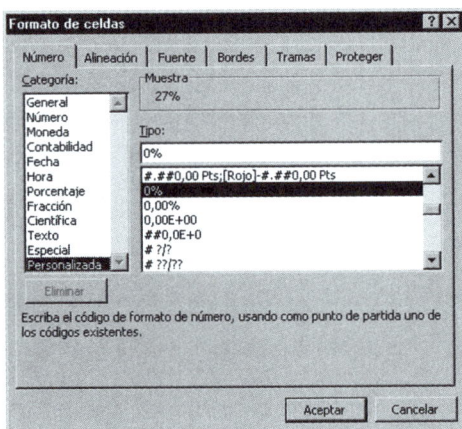

Si de todos modos necesita un formato porcentual...

Cree un formato porcentual en el que no se multiplique el contenido de las celdas por 100. Es imprescindible que escriba el símbolo % entre comillas, ya que de lo contrario Excel multiplicará por 100.

¿Tiene bastante como para construir una casa?

	A	B	C	D
1				
2	Capital propio	4.000.000,00		
3	Tipo de interés	7%		
4				
5		Coste completo	Crédito	Interés medio
6				
7	Casa	30.000.000,00		
8	Piso	15.000.000,00		
9	Caravana	7.000.000,00		
10				

Cree la siguiente hoja:

Calcule en la celda C7 la diferencia entre el objeto y el capital.

Y calcule en D7 los intereses. Como el formato es porcentual, puede dejar la multiplicación por 100. Con ello verá cuánto debe pagar cada mes y debe dividir el total por 12.

Bueno, así eran las fórmulas. Ahora a usted le interesa saber cuánto debe pagar por el piso y la caravana. Copie la fórmula hacia abajo con la función de autorrelleno.

El resultado es tremendo:

	A	B	C	D
1				
2	Capital propio	4.000.000,00		
3	Tipo de interés	7%		
4				
5		Coste completo	Crédito	Interés medio
6				
7	Casa	30.000.000,00	26.000.000,00	151.666,67
8	Piso	15.000.000,00	14.999.999,93	0,00
9	Caravana	7.000.000,00	7.000.000,00	#¡VALOR!
10				

Como puede ver, ninguna fórmula da el resultado correcto. En la columna D está todo muy claro, pero mire los resultados de la columna C, ¿le parecería que el resultado es correcto?

Qué debe hacer si la fórmula no es correcta

Borre las fórmulas en las que aparezcan errores, ya que luego no sabrá por qué han aparecido. Lo único que puede hacer en este caso es ir a la celda en la que se ha producido el problema, mire en la barra de fórmulas y edite posteriormente la fórmula con <F2>. Aparecerán las celdas relativas a este formato. Observe si todas las referencias son correctas. En la mayoría de los casos, si mira bien puede llegar a saber qué campos son erróneos en una función. Corrija la fórmula y todo estará en orden.

SUMA	▼ X ✓ =	=+B8-B3		
	A	B	C	D
1				
2	Capital propio	4.000.000,00		
3	Tipo de interés	7%		
4				
5		Coste completo	Crédito	Interés medio
6				
7	Casa	30.000.000,00	26.000.000,00	151.666,67
8	Piso	15.000.000,00	=+B8-B3	0,00
9	Caravana	7.000.000,00	7.000.000,00	#VALOR!
10				

A continuación, corregiremos la fórmula errónea. Para ello, vaya a la celda C8, en la que debe aparecer al principio B8, sin embargo la segunda referencia es B8 pero debería aparecer B2. Si observa todas las fórmulas verá que la primer referencia siempre es correcta, pero la segunda no.

Cómo desactivar la referencia de celda relativa

El fenómeno anterior es conocido como referencia de celda absoluta y relativa. Quizá suena como si fuera algo muy complicado, pero no lo es en absoluto.

Cambie de nuevo a la primera fórmula que ha copiado. ¿Le ha sorprendido que Excel haya copiado las referencias correctamente también en las siguientes fórmulas? Probablemente no. Quizá si lo hubiera copiado antes, en la mayoría de casos habría funcionado bien.

Ahora copie y verá que no funciona. Eso se debe al tipo de referencia de celda que hemos mencionado antes.

Para resolver el problema debemos tener en cuenta la forma en que Excel opera internamente, ya que para nosotros Excel presenta referencias de celda (A4 o B7), pero Excel calcula internamente con una posición relativa, representada por la celda C7.

Tome la celda situada a la izquierda y mueva el contenido de la celda que se encuentra arriba, a seis posiciones de distancia –de B7 a B2–.

Ahora copie la fórmula en la celda de abajo y Excel operará inmediata y copiará exactamente lo mismo, es decir, la celda de la izquierda (en nuestro ejemplo se trata de B8). Ahí está el error, ya que sólo toma la celda de su izquierda y luego sube seis posiciones. Como usted puede ver, eso es erróneo, ya que Excel toma como referencia la celda B3 cuando debería ser la B2.

El problema, entonces, está en la segunda referencia de la celda. Lo mismo sucede en las fórmulas contenidas en las celdas D8 y D9.

Para corregirlo, debe decirle a Excel que no quiere ninguna referencia de celda relativa, sino que sólo quiere trabajar con las celdas B2 y B3. Para comunicar eso a Excel se utiliza el símbolo "$". Siempre que Excel ve ese símbolo en una referencia de celda, lo interpreta como una referencia absoluta a esa celda.

¿Cómo crear correctamente la fórmula?

1. Vaya a la celda C7 y edítela pulsando la tecla <F2>.

2. Ahora pulse la tecla <F4>.

3. Verá que delante de B y de 2 aparecerá el símbolo del dólar *($B$2)*.

4. Ahora cambie a D7 y pulse con el ratón en la barra de fórmulas inmediatamente detrás de B3, luego pulse de nuevo <F4>.

5. A continuación, copie la fórmula en la celda que hay debajo y las fórmulas serán correctas. En la figura siguiente verá las fórmulas y su forma correcta.

	A	B	C	D
1				
2	Capital propio	4.000.000,00		
3	Tipo de interés	7%		
4				
5		Coste completo	Crédito	Interés medio
6				
7	Casa	30.000.000,00	26.000.000,00	151.666,67
8	Piso	15.000.000,00	=+B8-$B$2	0,00
9	Caravana	7.000.000,00	7.000.000,00	#¡VALOR!
10				

Estas referencias de celda absolutas aparecen muy raramente, pero a veces las necesitará, Y si no conoce el funcionamiento de este proceso, tendrá mucho trabajo, ya que deberá modificar cada una de las celdas que contenga referencias relativas incorrectas.

Cómo reconocer una referencia de celda absoluta

Al principio no reconocerá directamente una referencia de celda absoluta, eso es algo que podrá hacer con el tiempo. Una regla muy práctica: una referencia es siempre absoluta si sólo se encuentra en una celda y la mayoría de veces, ésta se halla en la hoja.

En una gran mayoría de casos podrá recocerla después de copiar, ya que siempre aparecen valores sorprendentes. Sólo en muy contadas ocasiones es en la segunda columna en la que los errores son muy difíciles de detectar. Y cuando aparezcan esos resultados sorprendentes, debe utilizar el símbolo del dólar e introducirlo mediante la tecla <F4>. También puede introducir ese símbolo manualmente, pero quizá le resulte más práctico utilizar la tecla <F4>.

Al trabajar con la tecla de función <F4> es muy importante que usted se encuentre inmediatamente después de la referencia de campo, que debe ser introducida con valor absoluto.

Algunas observaciones sobre el trabajo con fechas

Introduzca en una celda "+hoy()". Automáticamente aparecerá la fecha del día. Esta es una función que se actualiza automáticamente. Si abre esta hoja al día siguiente, aparecerá automáticamente la fecha de ese día.

Pero si sólo quiere ver la fecha actual sin que luego sea actualizada, utilice la combinación de tecla <Ctrl>+<;> (punto y coma). Añadirá la fecha actual como fecha fija. El punto y coma se obtiene pulsando las teclas <Mayús>+ <,>, por lo que deberá pulsar <Ctrl>+<Mayús>+<,> para obtener la fecha fija.

En ambos casos es importante asignar siempre el formato de fecha.

Ya ha visto que con una fecha se pueden hacer muchas cosas. Esperamos que lo que ha aprendido le parezca interesante.

5. *Las funciones de Excel*

Excel aporta un gran número de funciones que lo convierten en un programa más interesante. Por supuesto, no vamos a mostrarle todas, ya que este libro no tiene suficientes páginas para hablar de todas ellas, pero sí las más útiles y las que necesitará con más frecuencia, ya que, por ejemplo, suponemos que tampoco estará especialmente interesado en conocer el cuadrado de los coeficientes de correlación de Pearson, ¿no?

¿Qué es una función?

El nombre de la función permite saber qué tipo de cálculo realiza Excel. Si, por ejemplo, quiere saber cuál es el valor máximo de una hoja, debe trabajar con la función MAX (de valor **máx**imo).

Existen dos formas de utilizar una función, con el asistente para funciones, o bien estableciéndola manualmente.

Utilice el asistente para funciones si no conoce bien una función o si su estructura es muy compleja. Si conoce bien la función o ésta es muy simple, es mejor que la entre manualmente.

La estructura de una función, en líneas generales, es la siguiente:

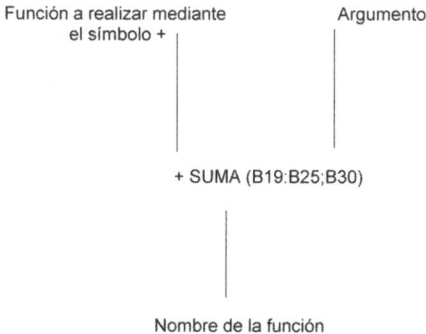

Función a realizar mediante el símbolo +

Argumento

+ SUMA (B19:B25;B30)

Nombre de la función

1. La función se inicia con el signo "+". Si quiere crear una función con el asistente deberá utilizar el signo "=".

2. Lo que sigue es el nombre de la función. Puede escribirlo en minúsculas, aunque al pulsar la tecla <Entrar> el nombre cambia a mayúsculas. Si no cambia, es que no se trata del nombre de una función. Por lo tanto, ha seleccionado una función que no existe.

3. Siguen los argumentos, que son las celdas o las áreas a las que afecta la función. Las áreas se limitan con dos puntos. Si necesita más argumentos, debe separarlos por un punto y coma.

4. Los datos necesarios para la función deben ir entre paréntesis.

Hasta aquí la teoría, ahora viene la práctica.

1+2+1+3+3: así de fácil

Empecemos con la función más sencilla, la suma. Para ello vamos a crear la siguiente hoja. Introduzca manualmente los artículos y los trimestres.

Las funciones de suma deben introducirse en una celda vacía.

	A	B	C	D	E	F	G
1							
2							
3		1er. Trimes.	2º Trimes.	3er. Trimes.	4º Trimes.	Total	
4	Artículo 1	100	100	100	100		
5	Artículo 2	100	100	100	100		
6	Artículo 3	100	100	100	100		
7	Artículo 4	100	100	100	100		
8	Artículo 5	100	100	100	100		
9	Artículo 6	100	100	100	100		
10	Total						
11							

1. Cambie a la celda B10.

Σ

2. Pulse el botón *Autosuma* de la barra de herramientas *Estándar*.

3. Podrá ver que para sumar los números aparece un marco parpadeante. El área seleccionada se mostrará entre paréntesis. La fórmula aparecerá en la barra correspondiente.

SUMA	▼	X ✓ =	=SUMA(B4:B9)		
	A	B	C	D	E	F
1						
2						
3		1er. Trimes.	2º Trimes.	3er. Trimes.	4º Trimes.	Total
4	Artículo 1	100	100	100	100	
5	Artículo 2	100	100	100	100	
6	Artículo 3	100	100	100	100	
7	Artículo 4	100	100	100	100	
8	Artículo 5	100	100	100	100	
9	Artículo 6	100	100	100	100	
10	Total	=SUMA(B4:B9)				
11						

4. Si vuelve a pulsar con el ratón sobre el botón *Autosuma* o confirma con <Enter>, ya ha terminado con la función. En la celda B10 aparece como resultado 600.

En este ejemplo, Excel sabía automáticamente el área que debía seleccionar para realizar la suma y son las que le ha propuesto.

Pero ahora vamos a poner Excel a prueba. Veamos qué pasa si creamos la suma en la celda F4. Cree la suma exactamente como le hemos descrito anteriormente.

Verá que Excel se ha dado cuenta que quería sumar el área de B4 hasta E4.

Para copiar las fórmulas en otras celdas, utilice el autorrelleno y ya tendrá la hoja lista.

Si el área propuesta no es la adecuada, selecciónela manualmente. Para hacerlo, pulse con el ratón sobre el botón de suma, seleccione un área nueva y pulse de nuevo con el ratón sobre el botón de suma.

Conseguir más rapidez utilizando la función de suma

Si desea conseguir más rapidez en la creación de sumas borre las sumas de las celdas B10 a F10 y pulse sobre el botón *Autosuma*.

Repítalo con la columna F seleccionando de F4 a F9 y pulsando de nuevo sobre el botón *Autosuma*.

De todas formas, debe estar seguro de que el área es la correcta. Después de seguir este procedimiento, revise las fórmulas y compruebe que el área sea también la correcta. Si en ella hay filas vacías, las sumas no serán correctas. Utilice, en ese caso, el siguiente sistema.

El método más rápido para realizar sumas

A continuación le mostraremos el sistema más rápido de crear una suma en una tabla. Borre las sumas anteriores.

1. Seleccione de B4 a F10.

2. Pulse con el ratón sobre el botón *Autosuma*.

3. Aquí tiene sus sumas.

Más rápido, imposible.

También puede calcular las sumas de los trimestres de este modo, para lo que deberá marcar de B4 a E9 o E10.

Lo mismo, pero con el teclado

También puede utilizar la combinación de teclas <Alt>+<=>en lugar del ratón. Piense que para obtener el signo <=> debe utilizar la tecla <Mayús>. Eso significa que deberá pulsar <Alt> + <Mayús> + <0>.

Para los interesados en estadística: vamos a buscar "el máximo"

A continuación veremos las funciones estadísticas más sencillas. Entre ellas, se encuentran las siguientes funciones:

El valor máximo de una hoja.

El valor mínimo.

El promedio.

Además podrá saber con cuántas celdas se ha llenado un área.

	A	B
1		
2	Nombre	Sueldo
3		
4	R. García	4.800.000,00
5	I. Rodríguez	6.950.000,00
6	G. Cano	4.900.000,00
7	J. Marco	3.500.000,00
8	D. Díaz	2.900.000,00
9	O. Martínez	3.100.000,00
10	F. Pimentel	2.800.000,00
11		
12	Máximo	
13	Mínimo	
14	Promedio	
15	Nº de Empl.	
16		

Debería volver a crear una hoja de ejemplo:

En el área inferior puede ver qué funciones deben utilizarse.

¿A cuánto ascienden los mayores beneficios?

Con la función *MAX* puede averiguar el valor máximo de un área seleccionada.

1. Cambie a la celda B12.

2. Introduzca el signo "+" para que Excel sepa que quiere efectuar un cálculo.

3. Ahora escriba el nombre de la función "MAX".

4. Para decirle a Excel en qué área debe buscar, abra un paréntesis al comenzar el área.

5. Ahora debe seleccionar el área con el ratón.

6. No es necesario cerrar el paréntesis, Excel ya lo hace automáticamente. Lo que quiere decir que sólo debe pulsar <Enter> y la función ya está terminada.

7. Como resultado obtendrá 6.950.000,00, que es el mayor de los sueldos.

Así de rápido puede saber cuál es el valor máximo de una hoja.

Con la siguiente función puede hacer algo similar.

¿Cuál es el valor mínimo?

Eso lo puede averiguar con la función *MIN*.

1. Cambie a la celda B13.

2. Introduzca el signo "+" y luego "MIN".

3. Abra paréntesis y seleccione el área que desee.

4. Y, para terminar, pulse la tecla <Enter>.

¿Cuál es el promedio?

La respuesta a esta pregunta se la proporcionará la función *PROMEDIO*. Funciona igual que las dos funciones anteriores. Lo que es especialmente importante es que realice correctamente la selección, ya que, de lo contrario, el resultado quizá no sea correcto, porque también incluye el valor adicional (en nuestro ejemplo, los valores máximo y mínimo antes calculados).

Y para terminar, deje que Excel se encargue de contar

Ahora vamos a trabajar con la función *CONTAR*. Esta función existe por partida doble: *CONTAR* y *CONTARA*. ¿Qué diferencia hay, exactamente?

CONTAR cuenta las celdas que contengan números.

	A	B	C
1			
2	Número	Función	
3		Contar	Contara
4	001	30	30
5	002	100	100
6	003	50	50
7	004	Diana	Diana
8	005	400	400
9	006	Irene	Irene
10	007	60	60
11	008	Rodrigo	Rodrigo
12	009	99	100
13	Total	6	9
14			

CONTARA cuenta todos los campos que contengan números y texto.

Con el siguiente ejemplo, verá más clara esta diferencia.

Como puede ver, en la columna B el resultado es 6. Eso significa que en el área seleccionada hay seis campos que contienen números.

En cambio, en la columna C tiene como resulta-do 9, ya que ha escrito algo en nueve campos, ya sea números o texto.

Tenga en cuenta que Excel también cuenta los campos en los que se haya introducido un espacio.

Ahora debería crear la última función en la hoja de ejemplo, ya que la pregunta es: ¿cuántos empleados (*Nº de Empl.*) hay?

Una vez finalizada la hoja quedaría así:

	A	B	C
1			
2	Nombre	Sueldo	
3			
4	R. García	4.800.000,00	
5	I. Rodríguez	6.950.000,00	
6	G. Cano	4.900.000,00	
7	J. Marco	3.500.000,00	
8	D. Díaz	2.900.000,00	
9	O. Martínez	3.100.000,00	
10	F. Pimentel	2.800.000,00	
11			
12	Máximo	6.950.000,00	
13	Mínimo	2.800.000,00	
14	Promedio	4.135.714,29	
15	Nº de Empl.	7,00	
16			

¿Quiere que aparezca una suma sin fórmula?

Seleccione los sueldos de la hoja de ejemplo y mire en el área inferior de su pantalla. Allí verá que aparece la suma del área seleccionada.

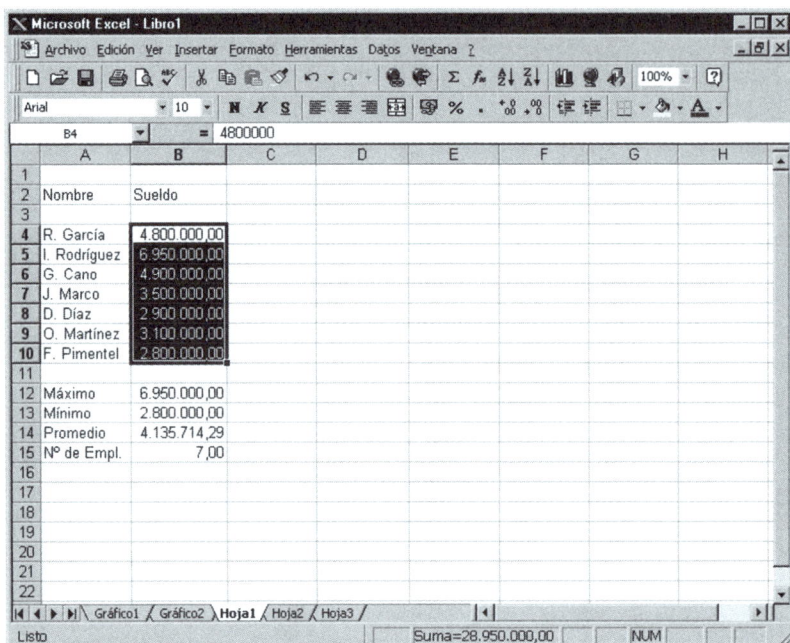

Pulse con el ratón con el botón derecho del ratón en el área inferior. Verá que se abre un menú contextual en el que puede escoger entre distintas funciones.

Por cierto, la función *Cuenta* es equivalente a *CONTARA*. Se cuentan las celdas en las que se ha entrado algún carácter.

Marque en rojo lo negativo:
formatos condicionales y condición SI

Ahora veremos una función muy útil, la función *SI*. Mediante dicha función puede determinar lo que Excel debe hacer. A continuación puede ver algunos ejemplos:

Quiere que cada treinta días se cree automáticamente una factura en una hoja en la que aparezca que debe enviarse un requerimiento.

O también, si el volumen generado por un empleado asciende a una determinada suma y debe calcular una bonificación. O si una suma ha quedado por debajo y debe enviar una circular.

Otro ejemplo: tiene una lista con varias fechas. Siempre que una fecha caiga en sábado o domingo quiere que aparezca el texto "fin de semana" en una celda.

Todo eso, y muchos más ejemplos, pueden realizarse con la condición *SI*.

Empecemos con un nuevo elemento de Excel 97, concretamente el formato condicional. Éste es, en principio, la condición *SI*, pero también puede insertar formato, aunque esa no sea la mejor novedad de Excel 97.

Puede surgir el siguiente problema:

Tiene una lista con temperaturas y ahora quiere que los colores de las temperaturas sean los siguientes:

1. Si la temperatura está por debajo de los 0º, debe ser representada en color azul.

2. Si se encuentra entre 0 ó 30º, debe aparecer en color verde.

3. Y, como última condición, las temperaturas debe ser de color rojo si sobrepasan los 30º.

Antes del formato condicional, todos los números eran de color negro.

	A	B
1		
2	*Mes*	*Temperatura*
3	Enero	-5
4	Febrero	-3
5	Marzo	3
6	Abril	16
7	Mayo	25
8	Junio	31
9	Julio	34
10	Agosto	37
11	Septiembre	32
12	Octubre	17
13	Noviembre	6
14	Diciembre	-1
15		

El resultado, una vez aplicado el formato, es el siguiente:

¿Qué puede hacer?

1. Seleccione el área que debe ser formateada.

2. Seleccione la opción de menú *Formato condicional...* del menú *Formato*.

3. Seguidamente aparecerá un cuadro de diálogo. De manera predeterminada aparece una condición.

4. Introduzca ahora las condiciones. Recibirá también una condición adicional pulsando con el ratón sobre *Agregar*. Puede acceder al formato de color pulsando sobre *Formato...* y luego, en el cuadro de diálogo, modificarlo mediante el área *Color* de la ficha *Fuente*.

5. Si confirma con *Aceptar*, tendrá el resultado de la hoja de arriba.

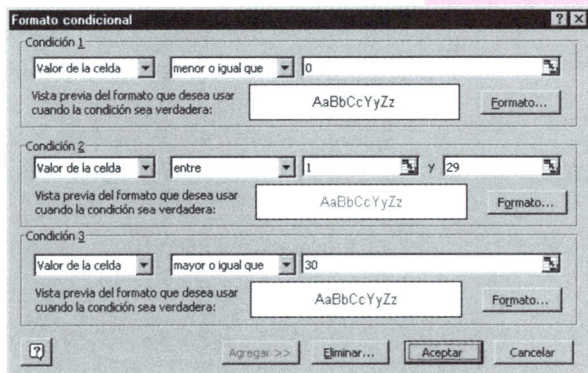

Significado de las opciones

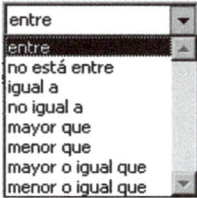

Las descripciones hablan por sí solas. Lo importante es que tenga en cuenta la diferencia entre *mayor* (o *menor*) y *mayor o igual que* (*menor o igual que*).

Si, por ejemplo, selecciona *mayor que 30*, quedarán incluidos todos los números a partir de 31.

Pero si selecciona *mayor o igual que 30*, el 30 también será incluido en la condición.

En la siguiente tabla puede ver las diferentes configuraciones:

Condición	Afecta	No afecta
Entre 10 y 20	De 10 a 20	9,21
No está entre 10 y 20	9,21	10,20
Igual a 10	10	Todos los demás números
No igual a 10	Todos los demás números	10
Mayor que 10	Todos los números a partir de 11	10 y números por debajo
Menor que 10	9 y todos los números por debajo	Todos los números a partir de 11
Mayor o igual que 10	10 y números por encima	9 y números por debajo
Menor o igual que 10	10 y números por debajo	11 y números por encima

Cómo borrar una condición

1. Seleccione los campos en los que deben eliminarse los formatos condicionales.

2. Seleccione *Formato/Formato condicional...*

3. Pulse con el ratón sobre el botón *Eliminar...*

Eliminar formato condicional	? X
Seleccionar las condiciones para borrar:	Aceptar
☐ Condición 1	Cancelar
☑ Condición 2	
☐ Condición 3	

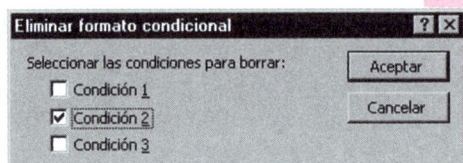

4. A continuación aparece un cuadro de diálogo, en el que puede seleccionar la condición que debe ser borrada.

5. Pulse sobre *Aceptar* y la condición quedará borrada.

Así funciona la condición SI

Hasta ahora, con el formato condicional sólo hemos visto cómo modificar los formatos. Pero, ¿cómo puede conseguir que a partir de un valor determinado en una celda, aparezca un comentario sobre éste en otra celda?

Fíjese en la hoja siguiente:

	A	B
1		
2	**Cifra de ventas**	**Opinión**
3	1.000.000,00	Mal
4	1.500.000,00	Bien
5	2.000.000,00	Bien
6		

Con la condición *SI* debe conseguir que todos los volúmenes superiores a 1.300.000 Pts. sean valorados con "Bien", y los que estén por debajo de esta cifra, deben ser calificados como "Mal".

La construcción de una condición *SI* es la siguiente:

+SI (Prueba_lógica;valor_si_verdadero;valor_si_falso)

Como es lógico debe escribirse primero "SI". Luego se introduce la condición entre paréntesis.

"Prueba lógica" significa que debe entrarse la condición exacta. En nuestro ejemplo, dicha condición es:

Si la cantidad es mayor que 1.300.000. Lo que en Excel es:

A3>1300000

Ahora debe escribirse la consecuencia.

Luego debe introducirse la palabra "Bien" de la siguiente manera:

"Bien"

Y si eso no es así, debe escribirse "Mal":

"Mal"

Ahora lo unimos todo en la condición *SI*, cuya estructura completa es la siguiente (la siguiente condición se encuentra en la celda B3):

+SI (A3>1300000;"Bien";"Mal")

Reglas para las condiciones SI

Todos los argumentos deben introducirse entre punto y coma.

Si quiere tener un texto como condición, debe introducirlo entre comillas. Si quiere que no aparezca nada con una condición, debe escribir únicamente dos comillas vacías.

Deben escribirse siempre las tres condiciones.

Puede trabajar con casi todas las condiciones que ya han sido utilizadas en los formatos condicionales.

En la siguiente tabla puede ver los diferentes símbolos que deberá introducir según las diferentes condiciones que quiera expresar:

Condición	Entrada
Igual a	=
Diferente de	<>
Mayor que	>
Menor que	<
Mayor o igual que	> =
Menor o igual que	< =

Los signos de mayor y menor se encuentran en la parte izquierda del teclado junto a la letra Z. Para indicar "menor" (<), no necesita pulsar la tecla <Mayús>, pero sí debe pulsarla para conseguir el signo "mayor" (>).

Cómo crear una condición Si con el asistente para funciones

Ya hemos hablado de dos posibilidades para crear una fórmula, y también hemos mencionado el asistente para funciones. Compruebe usted mismo si el asistente es útil o no.

Si empieza a trabajar, es mejor empezar usando el asistente, pero una vez comience a dominar las funciones, se usa en muy pocas ocasiones.

Tomemos el ejemplo anterior, el de "Bien" y "Mal". Vamos a crear ahora esta función con el asistente.

1. Cambie a la tecla B3 y active el asistente de funciones Pulsando el botón *Pegar fórmula*.

2. Aparecerá el asistente. La función SI puede aparecer en la categoría *Usadas recientemente* o en la categoría *Lógicas*.

3. Seleccione en la parte derecha la condición *SI*. Pulsando dos veces con el ratón irá al cuadro de diálogo siguiente. El cuadro de diálogo, que puede ver en la imagen de abajo, se encuentra inmediatamente bajo la barra de fórmulas.

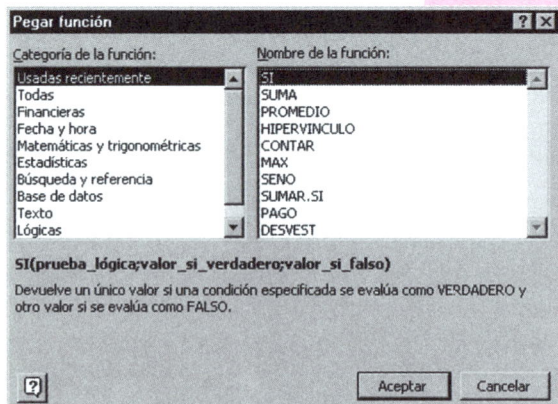

Pegar función

Categoría de la función:
Usadas recientemente
Todas
Financieras
Fecha y hora
Matemáticas y trigonométricas
Estadísticas
Búsqueda y referencia
Base de datos
Texto
Lógicas

Nombre de la función:
SI
SUMA
PROMEDIO
HIPERVINCULO
CONTAR
MAX
SENO
SUMAR.SI
PAGO
DESVEST

SI(prueba_lógica;valor_si_verdadero;valor_si_falso)

Devuelve un único valor si una condición especificada se evalúa como VERDADERO y otro valor si se evalúa como FALSO.

Aceptar   Cancelar

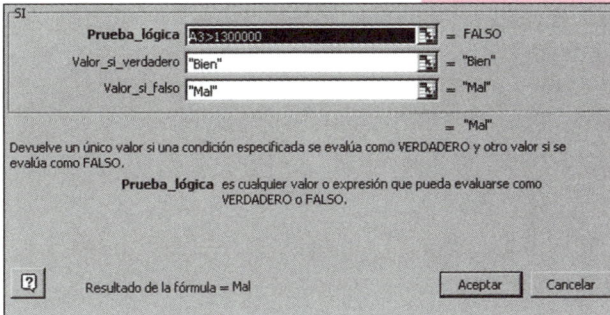

Este sistema tiene la ventaja que no tiene que pensar dónde coloca las cosas. Además, tampoco necesita preocuparse de introducir el punto y coma. Usted decida cual le resulta más cómodo y sencillo.

Algo más que vale la pena saber para trabajar con asistentes para funciones.

Si abre el asistente para funciones, verá las diferentes categorías en la parte izquierda. *Utilizadas recientemente* se refiere a las últimas funciones con las que ha trabajado. Las funciones son insertadas automáticamente.

Luego sigue la categoría *Todas,* en la que encontraremos, realmente, todas las funciones. Utilice esta categoría si no sabe en qué categoría se encuentra la función que busca. Un consejo para que se mueva con mayor facilidad: seleccione la categoría *Todas*. Luego pulse con el ratón en la ventana derecha, que contiene las funciones, y cambiará automáticamente a la primera función. Muévase con las barras de desplazamiento hasta que encuentre la función que quería.

A continuación siguen las categorías. Mire todo lo que hay. ¿Se acuerda del cuadrado del coeficiente de correlación de Pearson? Es una función estadística y ofrece una medida de precisión. Si pulsa con el ratón sobre esa función, verá esa fantástica descripción bajo el cuadro de diálogo. Como puede ver, los argumentos que necesita para una función se encuentran entre paréntesis detrás de los nombres de las funciones.

Excel dispone de muchas funciones y son increíblemente variadas, pero al igual que con las calculadoras científicas, si no conocemos la parte teórica que se esconde en cada una de las funciones, éstas no nos serán de mucha utilidad. Con las funciones de Excel pasa lo mismo: para quien no conoce la teoría que hay detrás, la función le será muy útil.

Pero seguramente los estadísticos y los matemáticos van a quedar entusiasmados cuando vean que Excel dispone de todas esas funciones.

Función O

En el siguiente ejemplo, si un día es Sábado o Domingo, aparecerá la palabra "Libre". De lo contrario, aparecerá "Laborable". Eso se consigue con una combinación de las funciones *SI* y *O*.

	A	B	C	D	E	F
1						
2	**Día**	**Actividad**				
3	Lunes	Laborable	=+SI(O(A3="Sábado";A3="Domingo");"Libre";"Laborable")			
4	Martes	Laborable				
5	Viernes	Laborable				
6	Sábado	Libre				
7	Domingo	Libre				
8	Miércoles	Laborable				
9	Domingo	Libre				
10						
11						
12						

Así es la condición de la celda B3:

=+SI (O(A3="Sábado";A3="Domingo");"Libre";"Laborable")

Debe escribir "O" dentro de los paréntesis. Con ello, Excel sabe que seguirán dos condiciones en el paréntesis siguiente. Esas condiciones deben estar separadas por punto y coma. El resto es como una condición *SI* normal.

A continuación vienen unos ejemplos, mediante los cuales le explicaremos el principio de condiciones *SI* más complejas.

Si debe cumplir varias condiciones

	A	B	C
1			
2	**Empleados**	**Cifras de ventas**	**Total**
3	J. Aguilar	1.250.000,00	1.750.000,00
4	D. Lázaro	800.000,00	800.000,00
5	F. Garriga	3.000.000,00	4.000.000,00
6			

En la siguiente hoja debe pasar lo siguiente: si un empleado tiene un volumen de ganancias superior a 2.000.000 Pts, se añadirá una bonificación de 1.000.000 Pts. Si la ganancia es de 1.000.000 Pts., se añadirán 500.000 Pts.

La condición *SI* del campo C4 es la siguiente:

=+SI (B4>2000000;B4+1000000;SI (B4>1000000;B4+500000;B4))

Como puede ver, en la condición no hay ningún cálculo adicional, ya que las condiciones SI NO son así:

B4+1000000

También puede incluir una condición *SI*.

Como puede apreciar, la condición >*2000000* aparece al principio. Eso es muy importante, ya que si escribe >*1000000* en primer lugar, la función no habría sido correcta, ya que siempre debe introducir en primer lugar los valores más altos, y luego debe trabajar con los valores más pequeños.

¿Cuántas condiciones SI pueden anidarse?
Como máximo, se permite anidar siete condiciones *SI*.

Cómo controlar el pago de comisión

Aquí puede ver una hoja muy bien estructurada que contiene condiciones *SI*, referencias de celda absolutas y cálculo porcentual. Puede ver la hoja las fórmulas.

	A	B	C	D	E	
1			Comisiones			
2	Porcentaje de comisión:	12%				
3	A partir de:	50.000.000,00				
4	Porcentaje de prima:	8%				
5						
6						
7						
8		Cifra de ventas	Comisión	Prima	A pagar	
9	F. García	51.500.000,00	6.180.000,00	494.400,00	6.674.400,00	
10	D. Galindo	49.410.000,00	5.929.000,00		5.929.200,00	
11	L. Fernández	54.910.000,00	6.589.000,00	527.140,00	7.116.340,00	
12	B. López	65.500.000,00	7.860.000,00	628.800,00	8.488.800,00	
13	A. Martín	34.150.000,00	4.098.000,00		4.098.000,00	
14	L. Martínez	48.850.000,00	5.862.000,00		5.862.000,00	
15	C. Jiménez	49.740.000,00	5.968.000,00		5.968.800,00	
16	J. Díaz	36.000.000,00	4.320.000,00		4.320.000,00	
17	Suma Total					
18						

De los siguientes objetos, hay algo que debemos destacar.

Lo primero en que se debe fijar es que en el porcentaje de comisión y el principio de bonificación han sido establecidos a través de la hoja. Con ello puede crearse una referencia para una celda, ya que si modifica los números, basta con modificar dichas celdas. No debe ir a la fórmula para modificarla.

Cálculo de la comisión

En la columna C debe establecer la celda B3, ya que en caso contrario, la copia de esa cantidad no habría sido la correcta.

La fórmula de C9 es la siguiente:

$$=B9*\$B\$3$$

Cálculo de la prima

Si el volumen es mayor que el campo B4, debe multiplicarlo por la celda B5, de lo contrario el campo se queda vacío.

Lo fórmula en D9 es:

$$=SI (B9>=\$B\$4;C9*\$B\$5;"")$$

A pagar

Para calcular cuánto debe hacer efectivo, hay que sumar las dos cantidades. Sin embargo, si sólo quiere sumar esas dos celdas, verá que aparecerá un mensaje de error si copia la fórmula. Aún quedarían dos posibilidades para la celda B9, si no ha alcanzado la cantidad, se introducirá un cero, pero hay una fórmula que aparece a menudo.

Esa fórmula indica que, si D9 está vacío, debe escribir el contenido de la celda C9 en este campo. Si hay que rellenar el campo (eso es algo automático), deberá sumar los campos D9 y C9.

Esta es la fórmula de la celda E9:

$$=+SI (D9="";C9;D9+C9)$$

También puede utilizar esa condición *SI*, o una similar, si los campos han de ser rellenados, cuando las otras celdas son descritas.

Más facilidad para las entradas con BUSCARV

Una de las funciones más prácticas es *BUSCARV*.

También puede llegar a ser una de sus funciones preferidas si tiene alguno de los casos siguientes:

- Introduce un número de cliente y aparece el nombre de éste.

- Introduce un determinado número de prima y aparece la prima correspondiente.

- Lleva una agenda de gastos dividida según categorías. Siempre que introduzca una categoría, aparece el gasto correspondiente.

Lo importante en esta función es tener una hoja en la que se encuentren todas las fechas. En principio, *BUSCARV* es solamente una función *SI* anidada sólo que puede utilizarla con más facilidad.

Empecemos con el siguiente ejemplo, que es muy sencillo:

	A	B
1		
2	Ciudad	País
3	Milán	Italia
4		
5		
6		
7	Ciudad	País
8	Berlín	Alemania
9	Nueva York	EE.UU.
10	Milán	Italia
11	Barcelona	España
12		

Imagínese que, por ejemplo, al escribir el nombre de una ciudad aparece automáticamente el nombre del país en el que se encuentra. Sin duda, no es una aplicación, aunque sí podemos utilizarla como ejemplo simple para explicar el funcionamiento de *BUSCARV*.

La celda A3 es variable, y en la celda B3 se encuentra la función *BUSCARV*.

El área de A7 hasta A11 es la tabla en la que debe introducirse la función.

Primera utilización de *BUSCARV*

fx

1. Sitúe el indicador de celda en B3 y pulse el botón *Pegar función*.

2. Seleccione la categoría *Búsqueda y referencia* y luego la función *BUSCARV*.

3. Aparecerá el cuadro de diálogo con la función.

4. En *Valor_buscado* introduzca la celda "A3".

5. En *Matriz_buscar_en* debe seleccionar el área desde A7 hasta B11. Al realizar la selección, el cuadro de diálogo desaparece durante unos momentos.

Si esa función debe ser copiada, el área debe ser establecida como absoluta. Para ello, pulse, después de haber seleccionado el área, <F4>, y coloque un símbolo del dólar a la selección efectuada.

BUSCARV

Valor_buscado	A3	= "Milán"
Matriz_buscar_en	$A$7:$B$11	= {"Ciudad";"País"\"Berli
Indicador_columnas	2	= 2
Ordenado	Falso	= FALSO
		= "Italia"

Busca un valor en la columna a la izquierda de una tabla y devuelve un valor en la misma fila desde una columna especificada. De forma predeterminada, la tabla se ordena de forma ascendente.

Ordenado es un valor lógico: para encontrar la coincidencia más cercana en la primera columna (ordenada de forma ascendente) = VERDADERO u omitido; para encontrar la coincidencia exacta = FALSO.

Resultado de la fórmula = Italia

[Aceptar] [Cancelar]

6. En el *Indicador_columnas* debe introducir el valor "2".

7. Introduzca en el cuadro de texto *Ordenado* simplemente "falso".

8. Si ahora pulsa con el ratón sobre *Aceptar*, en la celda B3 aparecerá *Italia*.

Vamos a explicarle ahora lo que acaba de hacer.

Valor_buscado

Esta es la celda en la que introduce los datos para que aparezca el resultado. Siempre es una sola celda, nuca un área.

Matriz_buscar_en

Esta es la tabla en la que se encuentran todos los datos que ofrecen información. Ese área debe ser siempre establecida como absoluta, aunque no quiera copiar nada.

Indicador_columnas

Se trata del número de la columna en la que se encuentra lo que ha escrito. Si en la tercera columna hay algo que debe ser introducido, escriba allí el número 3.

Ordenado

Introduzca el valor "falso" si se trata de una tabla sin ordenar. También puede escribir "falso" si la tabla está ordenada. O sea, fíjese sólo en que lo único necesario es escribir "falso". Si lo olvida, pueden producirse errores, pero lo normal es que no se produzcan. Al principio puede ser difícil dominar esa función, pero si va probando, no le supondrá ningún problema. Vea ahora algunos ejemplos para saber cómo actúa esta función.

Deje que Excel se encargue de las primas

	A	B	C	D
1				
2	Cálculo de primas			
3				
4	Empleado	Sueldo mensual	Prima nº	Alcance de la prima
5	G. Álvarez	3.780.000,00	5,00	500.000,00
6	V. Campo	2.230.000,00	1,00	50.000,00
7	A. Marin	3.380.000,00	3,00	150.000,00
8	D. Gutierrez	2.980.000,00	4,00	250.000,00
9	F. Gracia	2.780.000,00	2,00	100.000,00
10				
11	Prima nº	Alcance de la prima		
12	1,00	50.000,00		
13	2,00	100.000,00		
14	3,00	150.000,00		
15	4,00	200.000,00		
16	5,00	250.000,00		
17	6,00	500.000,00		
18				

Cuando usted introduce un número de prima la cantidad correspondiente quedará inscrita automáticamente. Lo mejor de este ejemplo es que si modifica la cantidad de la prima, los datos de la tabla (matriz) cambian para todos los empleados a los que se asigne la prima.

Ese es el aspecto que presenta el asistente para funciones en este caso:

BUSCARV

Valor_buscado	C5	= 5
Matriz_buscar_en	$A$12:$B$16	= {1;50000\2;100000\3
Indicador_columnas	2	= 2
Ordenado	falso	= FALSO

= 250000

Busca un valor en la columna a la izquierda de una tabla y devuelve un valor en la misma fila desde una columna especificada. De forma predeterminada, la tabla se ordena de forma ascendente.

Ordenado es un valor lógico: para encontrar la coincidencia más cercana en la primera columna (ordenada de forma ascendente) = VERDADERO u omitido; para encontrar la coincidencia exacta = FALSO.

Resultado de la fórmula = 250000   [Aceptar] [Cancelar]

Cree sus facturas de forma lógica y ahorre tiempo

A continuación veremos una función más compleja con la que podrá crear facturas de una manera más sencilla.

Todos los campos que han sido formateados en amarillo son funciones. Si está buscando datos, mire las pestañas de las hojas y allí verá la pestaña *Lista de artículos*. Como los datos funcionan con *BUSCARV*, no siempre tienen que estar en la misma hoja.

Vea ahora la lista de artículos, ya que las funciones anteriores se basan en ella:

Observemos también los campos y sus funciones.

Así se crea la función en la celda B8:

1. Cambie a la celda B8 y pulse el botón *Pegar función*. Active después *BUSCARV*.

2. El valor buscado es el número de posición, es decir, la celda A8.

3. Debido a que la matriz se encuentra en otro registro, pulse con el ratón en el campo *Matriz_buscar_en* y luego sobre la hoja *Lista de artículos* (o cómo se llame su ficha si tiene un nombre diferente).

4. Verá que *Lista de artículos* ha sido introducida en el campo. También se han colocado abajo ambos registros. Seleccione ahora el área que va desde A3 hasta D15 y, con <F4>, dele valor absoluto. Antes de continuar, debe fijarse en la columna en que se encuentra el número de artículo, ya que si pulsa con el ratón en el siguiente campo, esa tabla desaparece.

5. Como el número de artículo se encuentra en la columna 2, escriba un "2" en el campo *Indicador_columna*.

6. Y ahora escriba "falso" en el campo *Ordenado*. Una vez haya pulsado con el ratón sobre *Aceptar*, el número de artículo buscado aparecerá en esa celda.

Vamos a mostrarle ahora las otras funciones:

Celda C8

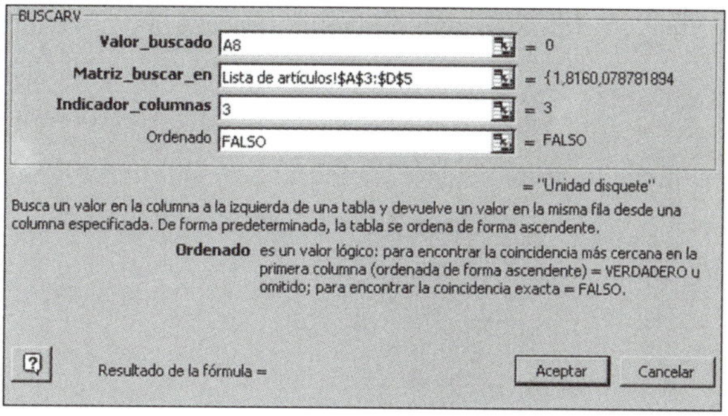

Celda E8

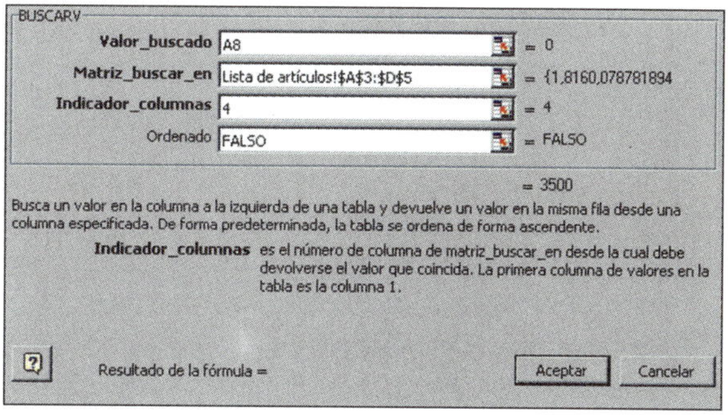

Todas estas funciones también pueden ser vinculadas con una condición *SI*, ya que si no ha introducido ningún número de posición, aparecerá el mensaje de error *#N/A* (*No hay un valor disponible*), ya que usted no ha definido ningún número de artículo para un campo vacío.

Esa condición *SI* es, en la celda B8, la siguiente:

=*SI* (A8="";"";BUSCARV(A8;Artículos!A3:D15;2;FALSO))

Lo que significa, dicho en otras palabras:

Si la celda A8 está vacía, dejo vacía esta celda (o sea, B8); si no, utilizo BUSCARV. Eso puede ser adaptado a las otras celdas.

Celda F8

=SI (D8="";"";D8*E8)

También aquí ha sido insertada una condición *SI* para el campo vacío. De lo contrario, el precio por unidad sería multiplicado por la cantidad.

Celda F17

Esta celda contiene la fórmula de suma.

=+F17*16%

Celda F18

Hemos escrito, excepcionalmente, el 16% y no hemos creado ninguna referencia de celda, ya que el IVA no es un impuesto que oscile con mucha frecuencia y en una factura realizada con el 16% no puede aparecer de pronto el 17%.

Celda F19

=+F18+F17

Se han sumado sólo ambas celdas.

Después de todo este trabajo, lo único que tendrá que hacer a partir de ahora será introducir el número de posición y las unidades vendidas, y la factura estará lista en un par de minutos, pero cada vez ahorrará un montón de tiempo. Y si quiere saber cuánto es exactamente, deje que Excel lo calcule.

Esto ha sido todo lo referente a funciones. Como seguramente puede pensar, las funciones ocupan una parte muy importante de Excel que no se puede dominar en su totalidad, ya que hay muchísimas categorías, aunque paso a paso, irá encontrando nuevas cosas.

6. Los libros ayudan a organizar los datos

Al principio de este libro hemos dicho que una tabla no consta sólo de una hoja, sino de varias que forman un libro. Vamos a ver lo que se puede hacer con estos libros.

Muévase con rapidez entre los libros

El primer sistema para movernos es el ratón: pulsando con éste sobre las pestañas inferiores podremos cambiar de hoja.

Si quiere trabajar con el teclado, utilice las combinaciones de teclas <Ctrl>+ <Re Pág> o <Ctrl>+<Av Pág> para moverse por las distintas hojas.

En el borde inferior del libro aparecen los nombres de la hoja y, junto a éstos, una flecha.

Puede moverse con las flechas exteriores la primera hoja o la última. Las dos flechas interiores le permiten realizar desplazamientos más pequeños para así poder ver las hojas intermedias.

Sin embargo, estos botones sólo funcionan si tiene más hojas que las que pueden aparecer en este área. El área va de principio a fin de la barra de desplazamiento.

Puede modificar ese espacio dirigiendo el puntero del ratón justamente hasta la delimitación de izquierda junto a la barra de desplazamiento. El puntero cambia de forma y usted puede ahora variar el ancho de la barra o del espacio para la hoja.

Para terminar, otro truco muy valioso para los usuarios que trabajen con muchas hojas. Pulse con el botón derecho del ratón sobre la flecha de movimiento a la izquierda de la hoja.

Aparecerá un menú contextual con el que podrá moverse con gran rapidez entre las hojas. Especialmente, tiene la ventaja de poder ir a las últimas hojas con el mismo esfuerzo que si fueran las primeras.

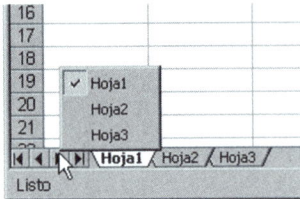

El trabajo con libros

Cómo cambiar el nombre de las hojas

Realice una doble pulsación con el botón izquierdo del ratón sobre la pestaña de cualquier hoja. El nombre quedará seleccionado y podrá escribir directamente sobre él otro nombre.

El nombre debe cumplir las reglas siguientes:

* No debe tener más de 31 caracteres.

* No puede incluir caracteres especiales como dos puntos, barra, interrogante o asterisco.

* El nombre no puede ir entre corchetes.

Al poner el nombre debe fijarse en que éste no sea muy largo, ya que entonces la pestaña será muy larga y cuanto más largo sea el nombre y la pestaña, menos pestañas podrán visualizarse simultáneamente. Con los nombres de los meses, por ejemplo, lo más aconsejable es escribir: Ene, Feb, Mar, etc. Incluso 01, 02, 03, en lugar de Enero, Febrero, Marzo...

Cómo copiar una hoja en otra posición

1. Sitúe el puntero del ratón sobre la hoja que desea mover.

2. Mantenga pulsado el botón izquierdo del ratón y mueva el ratón hacia la derecha o

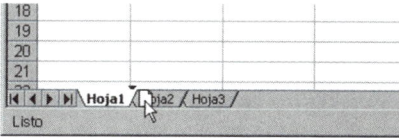

hacia la izquierda, según donde tenga que mover la hoja.

3. Verá que una hoja queda pegada al puntero del ratón, aunque junto a ellas no debe aparecer ningún signo más. Además, aparecerá en la parte superior de las pestañas un pequeño ángulo que le indicará la futura posición de la hoja que desea mover.

4. Suelte el botón del ratón cuando haya decidido la nueva ubicación de la hoja.

5. Si ahora quiere copiar la hoja, debe seguir el mismo proceso, aunque debe mantener pulsada la tecla <Ctrl>. A la nueva hoja se le añadirá un (2).

¡Cuidado!
No puede deshacer ninguna acción con hojas, por lo que deberá tener precaución.

Cómo borrar una hoja

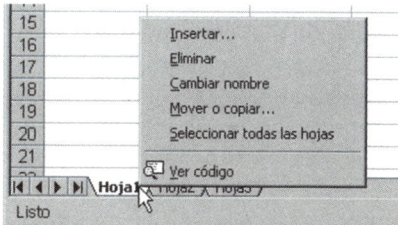

1. Pulse con el ratón sobre la hoja y active el menú contextual con el botón derecho del ratón.

2. Ahora pulse con el ratón sobre la opción *Eliminar*.

3. En el cuadro de diálogo se le preguntará si quiere borrar la hoja, ya que quedará borrada definitivamente y no podrá deshacer esa acción de borrado.

4. Después de pulsar con el ratón sobre *Aceptar*, la hoja quedará borrada.

Socorro, he borrado otra hoja por error

En ese caso sólo puede hacer una cosa. Cierre el archivo y no guarde los cambios. Entonces sólo
puede esperar que en la última versión que guardó la hoja aparezca. Si no está muy seguro,
vuelva al capítulo sobre guardar en el que encontrará más información sobre el tema.

Cómo copiar o mover una hoja en otro libro

También puede suceder que copie o mueva una hoja en otro libro. Antes de
comenzar, debe abrir también el libro al que se debe copiar la hoja. Si la hoja
tiene que ir a un nuevo libro, no necesita hacer nada antes.

Siga luego el proceso siguiente:

1. Pulse con el botón derecho del ratón
sobre la hoja que tiene que mover o copiar.

2. Seleccione en el menú contextual *Mover o
copiar*.

3. Aparecerá un cuadro de diálogo.

4. En el cuadro de lista desplegable *Al libro*
puede seleccionar dónde debe ser copiada o
movida la hoja. Aquí aparecen todos los
libros abiertos. En nuestro ejemplo es
Libro1.xls.

5. Ahora puede seleccionar el lugar en el
que debe mover la hoja.

6. Si quiere copiar, active la casilla de
verificación *Crear una copia*.

7. Una vez haya pulsado con el ratón sobre
Aceptar, puede ir automáticamente al archivo
que acaba de seleccionar.

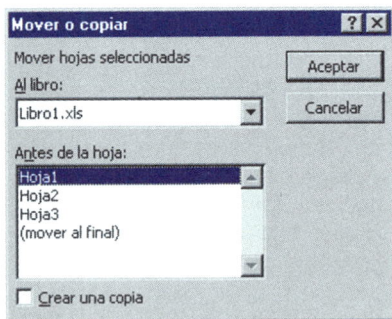

Sin embargo, también puede existir un cierto riesgo, ya que si olvida activar la casilla de verificación *Crear una Copia*, moverá la hoja en cuestión, saltando directamente al nuevo libro. En él, probablemente pueda modificar la hoja pero si pierde los datos no podrá recuperarlos del libro original del cual movió la hoja ya que en éste dicha hoja se ha eliminado. Una posible solución es cerrar el libro sin grabar los cambios para poder recuperar la hoja movida por error.

Creación de vínculos entre hojas

En Excel aparecen a menudo los resúmenes del año. Eso quiere decir que frecuentemente tiene hojas en un archivo que acaba de ser creado, pero sólo se distinguen por las distintas cifras mensuales.

Eso es, por supuesto, algo muy práctico, pero los problemas aparecen cuando cambia algo que debía ser modificado en todas las hojas.

Por ejemplo, si se introduce un nuevo producto y debe añadirse una nueva fila en todas las hojas.

O si debe modificar el formato de una hoja.

La posibilidad de cometer un error es bastante alta ya que son 13 hojas las que debe modificar (12 para los meses y una para el resumen).

A continuación, verá cómo puede hacer que esos problemas se contrapongan, creando grupos.

¿Qué son los grupos?

Puede agrupar varias hojas y luego efectuar las modificaciones más importantes de una sola vez, eliminando una posible fuente de errores. Con Excel, eso funciona muy fácilmente:

Mire el ejemplo siguiente:

Verá que hay una pequeña estadística. El registro le permite saber que el archivo consta de 13 hojas, 01-12, es decir, de Enero a Diciembre, y luego una hoja con el total. Todas las hojas parecen casi iguales.

	A	B	C	D	E	F
1						
2	Ventas de productos					
3						
4						
5			Precio	Descuento	Cantidad	Total
6	Gorras	5.757	2.654	1.234	9.645	
7	Zapatos	6.976	1.234	2.345	10.555	
8	Llaveros	12.073	2.345	3.756	18.174	
9	Total	24.806	6.233	7.335	38.374	

Pero surge un problema: aparece un nuevo producto. Ahora también se venden camisetas, lo que significa que debe añadirse una nueva fila en cada hoja. El proceso a seguir para insertar la fila en las hojas es el siguiente:

Cómo realizar una modificación en todas las hojas al mismo tiempo

1. Primero debe decir a Excel en qué hojas debe hacer esa modificación. Seleccione dichas hojas.

2. Pulse con el ratón sobre la primera hoja que ha de ser modificada. Pulse la pestaña que contiene el nombre de la hoja.

3. Mantenga pulsada la tecla <Mayús> y pulse con el ratón sobre la última hoja que debe seleccionar. En nuestro ejemplo es de *01* hasta *Total*.

4. Verá que todas las hojas de registro aparecen en blanco y que en la barra de títulos aparece *Grupo* detrás del nombre de archivo.

5. Ahora ha definido un grupo y todas las modificaciones que efectúe afectarán automáticamente a todas las hojas seleccionadas.

6. Seleccione la celda 9 y añada una celda. Escriba después "Camisetas" en A9.

7. Como esta modificación también se producirá en las demás hojas.

8. Para cancelar el grupo, pulse con el ratón sobre la primer hoja pulsando también la tecla <Mayús>. La marca en blanco desaparecerá y también la palabra *Grupo* que había detrás del nombre de archivo.

Si ahora echa un vistazo a los demás archivos, comprobará que en las demás hojas también se ha producido ese cambio. Has sido fácil, ¿verdad? Con ello se ahorra mucho tiempo, ya que normalmente tendría que haber hecho lo mismo 13 veces, una detrás de otra. Además, la posibilidad de cometer errores disminuye de manera considerable.

Cómo seleccionar y cancelar grupos

En el ejemplo anterior hemos seleccionado un grupo, es decir, hojas que se encuentran unas al lado de las otras. Pero si quiere seleccionar sólo la primera, la quinta y la séptima, en lugar de utilizar la tecla <Mayús> debe pulsar la tecla <Ctrl>, de la misma manera que cuando selecciona varias celdas de una hoja y éstas no son contiguas.

Si ya ha seleccionado la primera hoja, debe pulsar la tecla <Ctrl> para crear un grupo de hojas no sucesivas que, en caso contrario, si pulsa sobre otra hoja sin tener la tecla <Ctrl> pulsada la primera hoja dejara de estar seleccionada.

Hay varias formas de cancelar la selección:

Quiere excluir una hoja de un grupo

Estando esa hoja seleccionada, debe pulsar con el ratón pulsando también la tecla <Ctrl>.

Ha pulsado todas las hojas, pero no quiere que la tercera entre en la selección. Pulse entonces, manteniendo pulsada también la tecla <Ctrl>, sobre esa hoja y está dejará de estar seleccionada.

No ha marcado todas las hojas

Entonces, sólo tiene que pulsar con el ratón, fuera del área, sobre una hoja.

Ha seleccionado las cinco primeras hojas, pero no las otras deberá pulsar sólo sobre la sexta (o la séptima, o la octava...) hoja y el grupo quedará cancelado.

Ha seleccionado todas las hojas, pero quiere cancelar la agrupación para una parte o para todas las hojas

Pulse entonces, junto con la tecla <Mayús> sobre la hoja incluida en último lugar en el grupo. La selección se reducirá, pero también puede ampliarse.

Por ejemplo, ha creado un grupo formado por las hojas que van desde 01 a 10. Pero el grupo sólo de ir hasta la *05*, pulse con el ratón y con <Mayús> sobre dicha hoja.

Si quiere cancelar todo el grupo, pulse sobre *01*.

Para cancelar, también puede utilizar el menú contextual. Es importante que se encuentre dentro del grupo cuando pulse el botón derecho del ratón.

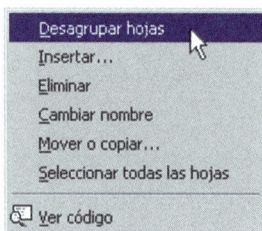

En el menú contextual puede ver una opción llamada *Desagrupar hojas*.

Los grupos también pueden ser peligrosos

Probablemente no puede imaginar lo peligrosos que puede ser. El manejo incorrecto de grupos puede producir resultados desastrosos o pérdidas irreparables.

La primera medida de seguridad es guardarlo todo antes de crear un grupo, para poder volver a la última versión guardada en caso de emergencia.

El error más típico es olvidar cancelar la selección en su momento. Tomemos, por ejemplo, el ejemplo anterior. Ya ha añadido las camisetas y ahora debería cancelar el grupo, ya que a partir de ahora todas las modificaciones que se hagan en el futuro tendrán efecto en una sola celda.

Pero supongamos que no ha cancelado el grupo y debe modificar los datos de las ventas de gorras de Enero. Ahí está el peligro: modificará las cantidades de Enero en la hoja 01 –hasta ahora correcto– pero también ¡en todas las demás hojas! sobrescribiendo en ellas sin que Excel le avise de nada.

1. Como hemos dicho antes: primero hay que guardar

2. Una vez esté todo guardado, ya se pueden crear los grupos y se pueden efectuar todas las modificaciones necesarias.

3. Si necesita bastante tiempo para efectuar cambios y, por alguna razón, debe interrumpir ese trabajo, deje alguna nota pegada a su pantalla que le recuerde, cuando vuelva, que ha creado un grupo. Seguramente, no lo borrará, pero si es así, acuérdese de activar el grupo, ya que, de lo contrario, caerá en otro error: los cambios sólo se realizarán en una hoja.

4. Cuando haya realizado su tarea, cancele inmediatamente el grupo para no seguir haciendo modificaciones que afecten a todas las hojas.

Un último aviso sobre los grupos: debe fijarse también en que las hojas sean parecidas. Si no es así volverá a tener un problema, ya que si borra una fila, siempre se borrará la fila seleccionada. Excel sólo puede comprobar errores sintácticos, no errores de concepto.

Supongamos que en la hoja de nuestro ejemplo hay que borrar el artículo "Zapatos" porque esas cifras ya no nos interesan. Usted borra, entonces, la fila 6 y los llaveros, que aparecían en la fila 7, pasan ahora a la 6. Si crea un nuevo grupo y trabaja en la hoja *05*, borrará los zapatos en todas las demás hojas, pero en la primera tabla ha borrado los calcetines, porque la hoja ya había sido modificada. Intente, si es posible, efectuar modificaciones para una tabla que también deban ser para las demás.

De ello se desprende el siguiente consejo: cuando haya acabado de realizar sus cambios, revise brevemente todas sus hojas y luego guárdelas.

7. Trucos y utilidades en Excel

Ese título, como puede suponer, implica que hablaremos a continuación de pequeños trucos y utilidades que facilitan nuestro trabajo con Excel y proporcionen resultados asombrosos.

Enumeración automática
de los meses del año

Anteriormente ha visto el funcionamiento de la opción de la que ahora le hablamos al copiar fórmulas, ya que ha utilizado ese cuadrado del indicador de celda, el controlador de relleno y ha copiado la fórmula de la derecha a la izquierda.

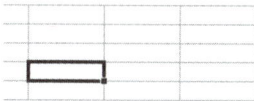

Ahora puede utilizarlo no sólo para copiar el contenido de la celda, sino también para otras cosas.

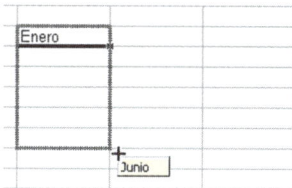

1. Escriba "Enero" en una celda.

2. Ahora vaya con el puntero del ratón al controlador de relleno –el pequeño tirador de la esquina inferior derecha de la celda seleccionada–y mueva el ratón.

3. Verá que junto al puntero aparece una información que le indica hasta dónde rellena.

4. Si deja de pulsar el botón del ratón, verá que se han introducido los meses.

Pruebe esta función con las siguientes series:

Ene, 1er. trimestre y lunes.

Observe que Excel también sabe que después del cuarto trimestre viene otra vez el primero.

Escriba ahora, por ejemplo, "Abirl" en lugar de "Abril". Excel copiará "Abirl". También si escribe "1ertrimestre", es decir, sin espacio, Excel copiará esta cadena y no realizará correctamente el incremento trimestral.

Quizá sienta ahora curiosidad por saber qué pasa si escribe "100" en una celda. Pruébelo.

Bueno, como debe haber visto, Excel copia sólo 100. Si pensaba que en las otras celdas aparecería "100, 200..." o bien "100, 101..." se habrá llevado una desilusión. Excel lo copia, pero quizá no como usted pensaba.

Cómo se puede completar una seria de números

Lo importante es que usted entre la serie en Excel.

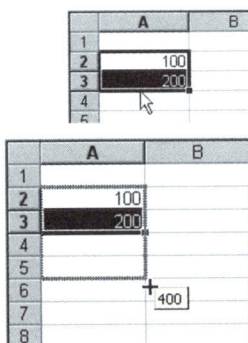

1. Escriba "100" en una celda y, en la siguiente, el próximo valor, por ejemplo, "200".

2. Seleccione las dos celdas con toda normalidad.

3. Ahora vaya al control de relleno y muévalo. Verá que la información rápida indica los valore que anteriormente queríamos.

Ahora puede continuar la serie.

¿Y si sólo quiere copiar "Enero"?

En ese caso, mantenga la tecla <Ctrl> pulsada. Excel, normalmente, realiza el autorrelleno si se trata de la fecha, Pero si sólo quiere copiar normalmente, pulse la tecla <Ctrl>

En la figura siguiente puede ver las distintas posibilidades:

Texto normal	Número	Cantidad	Fecha	Fecha	Combinación de texto y ordenación	Combinación de texto y ordenación	Trimestre	Trimestre	Mes	Días
Test	1	10	28/10/98	oct-98	Test 1	1er Artículo	1er Trimestre	1er trimestre 98	Enero	Lunes
Test	1	20	29/10/98	nov-98	Test 2	2do Artículo	2do Trimestre	2do trimestre 98	Febrero	Martes
Test	1	30	30/10/98	dic-98	Test 3	3er Artículo	3er Trimestre	3er trimestre 98	Marzo	Miércoles
Test	1	40	31/10/98	ene-99	Test 4	4to Artículo	4to Trimestre	4to trimestre 98	Abril	Jueves
Test	1	50	01/11/98	feb-99	Test 5	5to Artículo	1er Trimestre	1er trimestre 99	Mayo	Viernes
Test	1	60	02/11/98	mar-99	Test 6	6to Artículo	2do Trimestre	2do trimestre 99	Junio	Sábado

Introducción y ordenación de series propias

Cuando usted está trabajando con una serie que no se encuentra en Excel, deberá introducir esta serie y ordenarla de manera adecuada.

Como se ha dicho, deberá crear sus propias series, pero eso no supone ningún problema.

Partiendo de nuestro ejemplo, supongamos que quiere tener una determinada serie de ciudades.

Creación de su propia serie

1. Escriba la serie y selecciónela.

2. Seleccione ahora en *Herramientas/ Opciones*, la ficha *Listas personalizadas*.

3. Verá que detrás de *Importar lista desde las celdas* se ha entrado el área seleccionada.

4. Pulse ahora sobre el botón *Importar* e introducirá la lista en el cuadro de texto *Listas personalizadas*.

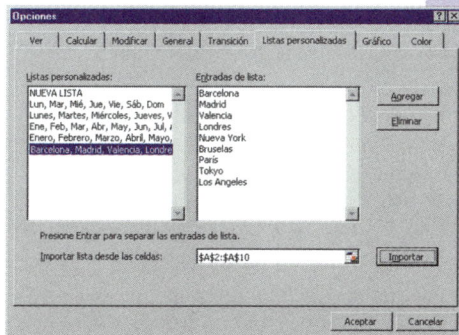

De ese modo, puede crear series definidas según sus gustos o necesidades. Si quiere modificar una lista, vaya de nuevo al cuadro de diálogo *Herramientas/Opciones* y a la ficha *Listas personalizadas*. Pude seleccionar la lista e introducir el texto en la parte derecha de la ventana. Es decir, puede añadir filas o borrar entradas que ya existían.

Si en una hoja escribe "Berlín", las otras ciudades se sucederán automáticamente. Si no introduce el valor inicial de la lista el proceso funciona igualmente pero desde esa entrada.

A continuación veremos cómo ordenar esas series creadas por nosotros mismos.

Del caos se crea el orden: ordenar correctamente

A menudo debe ordenar las entradas de una hoja. Con Excel, este trabajo es muy fácil, ya que lo hace el propio programa.

Observe la lista siguiente, ya que vamos a ordenarla.

	A	B	C	D
1				
2	**Nombre**	**Deporte**	**Sexo**	**Activo**
3	Sainz, Carlos	Rallys	Hombre	Sí
4	Cacho, Fermín	Atletismo	Hombre	Sí
5	Indurain, Miguel	Ciclismo	Hombre	No
6	Piquet, Nelson	Fórmula uno	Hombre	No
7	Graf, Steffi	Tenis	Mujer	Sí
8	Schumacher, Michael	Fórmula uno	Hombre	Sí
9	Cruyff, Johan	Fútbol	Hombre	No
10	Navratilova, Martina	Tenis	Mujer	No
11	Seizinger, Katya	Esquí	Mujer	Sí
12	Lewis, Carl	Atletismo	Hombre	No
13	Herreros, Alberto	Baloncesto	Hombre	Sí
14	Ares, Blanca	Baloncesto	Mujer	Sí
15	Fernández-Ochoa, Blanca	Esquí	Mujer	No
16	Butragueño, Emilio	Fútbol	Hombre	No
17	Becker, Boris	Tenis	Hombre	Sí
18				
19				

Primero debe tener claro que si quiere ordenar una lista que está totalmente desordenada, debido a que no podrá volver a su estado original si Excel no consigue ordenarla totalmente. En este ejemplo, la hoja no tiene ningún criterio de ordenación.

En este caso también es aconsejable que guarde el libro antes de ordenar para poder acceder a la última versión.

Vayamos ya al procedimiento que hay que seguir para ordenar:

Cómo ordenar una hoja

1. Si quiere ordenar según algún criterio, debe situar el indicador de celda en la columna correspondiente. En este ejemplo, usted quiere ordenar según el sexo. Para ello ha situar el indicador en cualquier lugar de la columna C –entre C2 y C17–.

2. Pulse ahora con el ratón sobre el botón para ordenar y el archivo se ordenará teniendo como criterio el sexo de los deportistas.

3. Si quería que las mujeres aparecieran en primer lugar, pulse con el ratón sobre el segundo símbolo para ordenar.

Eso es todo, ya que la función ordenar es muy sencilla de utilizar. Sin embargo, nosotros queremos conocer algo más a fondo esta función.

La tabla se ha ordenado en función del sexo, pero también podría ordenarse, además de por el sexo, según el tipo de deporte, y el nombre. Para hacerlo, pulse sobre la opción *Ordenar...* que se encuentra en el menú *Datos*.

Ordenar según varios criterios

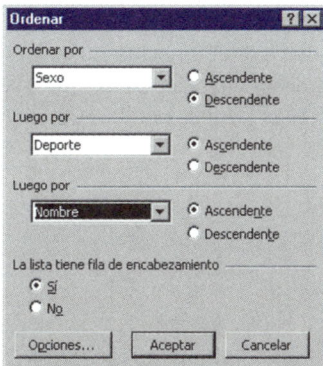

1. Sitúe el indicador de celda en cualquier parte de la hoja de los deportistas.

2. Active la opción *Ordenar...* del menú *Datos*.

3. Seleccione el criterio según el cual quiere ordenar. Puede seleccionar las entradas pulsando sobre la flecha que abre la lista desplegable.

4. Si ha pulsado sobre *Aceptar*, la hoja presentará este aspecto.

	A	B	C	D
1				
2	**Nombre**	**Deporte**	**Sexo**	**Activo**
3	Ares, Blanca	Baloncesto	Mujer	Sí
4	Fernández-Ochoa, Blanca	Esquí	Mujer	No
5	Seizinger, Katya	Esquí	Mujer	Sí
6	Graf, Steffi	Tenis	Mujer	Sí
7	Navratilova, Martina	Tenis	Mujer	No
8	Cacho, Fermín	Atletismo	Hombre	Sí
9	Lewis, Carl	Atletismo	Hombre	No
10	Herreros, Alberto	Baloncesto	Hombre	Sí
11	Indurain, Miguel	Ciclismo	Hombre	No
12	Piquet,Nelson	Fórmula uno	Hombre	No
13	Schumacher, Michael	Fórmula uno	Hombre	Sí
14	Butragueño, Emilio	Fútbol	Hombre	No
15	Cruyff, Johan	Fútbol	Hombre	No
16	Sainz, Carlos	Rallys	Hombre	Sí
17	Becker, Boris	Tenis	Hombre	Sí
18				

Como puede ver, dentro del criterio del sexo, también ordena por el tipo de deporte. Y dentro cada tipo de deporte, se ordena según el nombre.

Ordenar según capitales europeas

Seguro que se acuerda de la lista de capitales que ha introducido en la ficha *Listas personalizadas* del cuadro de diálogo *Opciones*. Ahora puede necesitar ordenar exactamente según este criterio. Normalmente no se le permitiría hacer algo así, ya que eso no es ninguna serie que Excel pueda reconocer, ya que reconoce sólo de la A a la Z o de 1 a 100 (o al contrario).

Pero si una serie se encuentra en la ficha *Listas personalizadas*, el programa puede ordenarla. En el cuadro de diálogo *Ordenar* existe el botón *Opciones*. Si pulsa con el ratón sobre dicho puntos, aparecerá otro cuadro de diálogo en la que puede seleccionar la lista personalizada y aparecerán todas las listas definidas. Si selecciona las capitales, Excel ordena según esa lista.

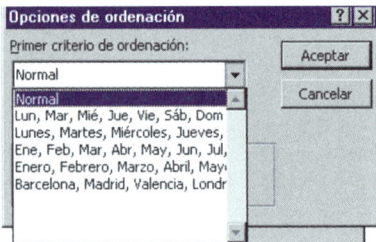

Añada comentarios a su hoja

Como a cualquier usuario, le habrá pasado alguna vez que al abrir una hoja o ve una fórmula y se pregunta: "¿Qué quería decir esto?".

Si efectivamente le ha pasado eso, siga leyendo.

Es un problema muy frecuente. Cuando se abre una hoja que hace tiempo que no se utilizaba, a veces no se sabe muy bien qué es lo que debía calcular. También puede pasar que alguien tenga cosas importantes a las que deba prestar atención si hay que realizar determinados cambios. Si le pasan cosas así, tiene la posibilidad de crear comentarios. Esos comentarios se llamaban notas en versiones anteriores.

Cómo añadir comentarios

1. Cambie a la celda en la que debe aparecer el comentario.

2. Seleccione *Insertar/Comentario* o utilice la combinación de teclas <Mayús>+<F2>.

3. En esa celda aparece un cuadro de texto en el que debe escribir su comentario.

4. Si confirma con <Enter>, llegará a la siguiente fila del comentario. Si ha terminado, pulse con el ratón fuera de ese área.

En esa celda aparece un triángulo rojo que indica que la celda cuenta con un comentario. Situando el puntero del ratón sobre ese triángulo, aparecerá el comentario.

No aparece ningún triángulo

Eso quiere decir que tiene activada la opción *Ninguno* del área *Comentarios* situada en la ficha *Ver*, en el cuadro de diálogo *Opciones* –al que se accede a través del menú *Herramientas*–. Seleccione la opción *Sólo indicador de comentario* y aparecerán los triángulos rojos. Si selecciona *Indicador y comentario*, siempre aparecerán todos los comentarios, lo que es muy importante cuando tenga que imprimir.

Si desea modificar un comentario, debe pulsar con el ratón sobre la celda que contenga el comentario y luego utilizar la combinación de teclas <Mayús>+<F2> para volver al comentario. Seleccione la opción *Modificar comentario* del menú *Insertar*, o pulse el botón derecho del ratón y seleccione la opción del mismo nombre.

Si quiere modificar el tamaño de un comentario, debe seleccionar con el ratón el borde del comentario. Se aplican las mismas reglas que para el diagrama.

También es posible imprimir un comentario. Para ello vaya a la ficha *Hoja* que se encuentra en el cuadro de diálogo *Configurar página*, al que puede acceder a través del menú *Archivo*. En dicha ficha puede decidir si el comentario debe imprimirse al final de la hoja o bien en el lugar en que usted se encuentra seleccionando una de las opciones disponibles en el cuadro de lista desplegable *Comentarios*.

Puede utilizar esos comentarios para muchas cosas. Pueden ser, como explicábamos antes, una información sobre una función, pero también puede utilizarlos para informar a otras personas que trabajen con su hoja, como por ejemplo:

* El valor de esta celda debe estar comprendido entre 30 y 50.
* Esta celda sólo puede modificarse si se lo comunica a la Sra. Martínez.
* Si modifica esta celda, también debe modificar la celda A40.

Los comentarios ofrecen un montón de posibilidades para que su hoja sea más clara.

Debemos mencionar algo que hacen algunos usuarios y resulta muy práctico: escribir un comentario en la celda A1 para tener una información general sobre la tabla. Por ejemplo: "Esta tabla contiene los cálculos de los incrementos de nuestros precios. La información más importante se encuentra en la celda X30, en la que se esconden los factores".

Sea creativo con el uso de los comentarios, ya que puede serle muy útil.

8. Una imagen vale más que mil palabras

Ahora vamos a tratar uno de los apartados más coloristas de este libro: los gráficos. Casi todo el mundo está entusiasmado con las posibilidades de representar sus datos en gráficos de barras o circulares.

Al principio, veremos como se crea un gráfico con el *Asistente para gráficos*. Luego le hablaremos sobre un gráfico típicamente problemático.

Vamos a crear un gráfico de la hoja siguiente.

	A	B	C	D	
1					
2					
3		Persona 1	Persona 2	Persona 3	
4	Artículo 1	435	501	567	
5	Artículo 2	626	700	774	
6	Artículo 3	818	899	981	
7	Artículo 4	1008	1098	1188	
8					

Sitúe el indicador de celda en la hoja a partir de cual debe crear el gráfico.

A continuación, active el *Asistente para gráficos* mediante este botón.

Aparece un cuadro de diálogo. En el primer de los cuatro pasos debe decidir por el tipo básico de gráfico. Puede ver las diferentes posibilidades a elegir.

En el área inferior del cuadro encontrará el botón *Presionar para ver muestra*. Si pulsa sobre ese botón, aparecerá el gráfico que ha seleccionado con los datos exactos que ha seleccionado.

Elija *Columna agrupada con efecto 3D* y pulse con el ratón sobre el botón *Siguiente*.

En este segundo paso deberá comprobar que el área seleccionada es la correcta. Más tarde, si quiere modificar los datos para un gráfico existente, puede indicar un área diferente. Pulse con el ratón sobre *Siguiente*, sin realizar cambios.

Ahora el tercer paso. Puede indicar si quiere que aparezca un título para el gráfico, o rotular los ejes. Si observa bien la ventana comprobará que hay seis fichas a elegir. La mayoría de ellas hablan por sí mismas. Puede utilizarlas para hacer modificaciones y ver directamente sus efectos en el gráfico. La última ficha *Tabla de datos* es nueva pero es un elemento muy interesante si quiere representar los datos y el gráfico simultáneamente.

Seleccione la imagen correspondiente y pulse el botón *Siguiente*.

Ahora Excel necesita saber dónde quiere colocar el gráfico, si decide situarlo en una hoja nueva o en una hoja ya existente (*Como objeto en*). Esta última opción está activada de manera predeterminada. Mediante este punto también le es posible seleccionar otra hoja. Decida que el gráfico debe estar en una nueva hoja. Sólo tiene que pulsar sobre el botón *Terminar* y ya habrá creado el primer gráfico.

¿Y si cambia los números de la hoja?

En ese caso, el gráfico también cambiará automáticamente, ya que la hoja y el gráfico están vinculados de tal manera que si hay un cambio en la hoja, éste queda reflejado en el gráfico.

Tampoco pasa nada si posteriormente borra o añade filas: el gráfico será actualizado. Sin embargo, esto no funciona si sitúa una fila bajo el área seleccionada, ya que el área no se amplía automáticamente.

En ese caso, debe cambiar al gráfico a través de la opción de menú *Gráfico/ Datos de origen*. Esa opción de menú es también el segundo paso del *Asistente para gráficos*. También puede activarlo más tarde.

Modificaciones posteriores en los gráficos

Podrá ver que aparece un nuevo gráfico. Y no sólo aparece, sino que tiene una nueva barra de herramientas.

Si quiere pulsar con el ratón sobre una parte del gráfico, verá que en la barra de herramientas se muestra el tipo de área seleccionada. Puede tratarse de series, áreas de trazados o ejes de valores, entre otros.

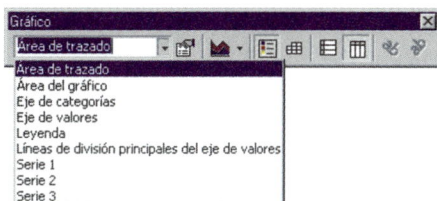

También puede seleccionar los componentes con esa barra.

Eso es muy importante, ya que primero debe seleccionarlos para poder modificarlos.

Si quiere modificar alguna parte del gráfico, primero debe seleccionarlo y luego pulsar dos veces con el ratón. Se abrirá un cuadro de diálogo en el que se mostrará el registro en el que usted puede realizar alguna modificación. Eso significa que si, por ejemplo, usted desea cambiar el color de los planos laterales, siempre tendrá un registro a su disposición.

Pero si pulsa con el ratón sobre el cuadro de lista desplegable *Objetos del gráfico*, tendrá varios registros a su disposición.

Este es el principio según el cual se crea y modifica un gráfico. Veamos a continuación, en los ejemplos siguientes, cómo evitar los típicos problemas que aparecen al trabajar con gráficos. Fíjese bien es estos ejemplos, incluso si cree que no son interesantes, ya que contienen información que sí lo es y puede utilizar para sus gráficos.

Aparición de valores muy distintos en un gráfico

Éste es un problema que aparece con frecuencia. Usted quiere, por ejemplo, comparar grandes cantidades de dinero. El problema es que si quiere que aparezca el gráfico, Excel no lo mostrará correctamente, ya que los valores porcentuales son muy bajos con respecto a los valores, tanto que en el gráfico no se aprecian. En un caso así, puede trabajar con dos ejes. El primer eje tiene los valores normales expresados en pesetas y el segundo los valores porcentuales.

Sin embargo, si consulta la primera ficha del *Asistente para gráficos*, verá que no hay formato que cumpla estos criterios, pero no debe configurarlo todo manualmente.

D4		=	=+(C4*100/B4)-100	
	A	B	C	D
1				
2				
3		FF	PVP	Diferencia en porcentaje
4	Artículo 1	15.000	18.000	20,00
5	Artículo 2	17.000	20.000	17,65
6	Artículo 3	9.000	10.000	11,11
7	Artículo 4	8.000	15.000	87,50
8	Artículo 5	11.000	13.000	18,18
9	Artículo 6	5.000	6.000	20,00
10				

Cree un diagrama a partir de la siguiente hoja (puede ver la fórmula porcentual en la fila de fórmulas).

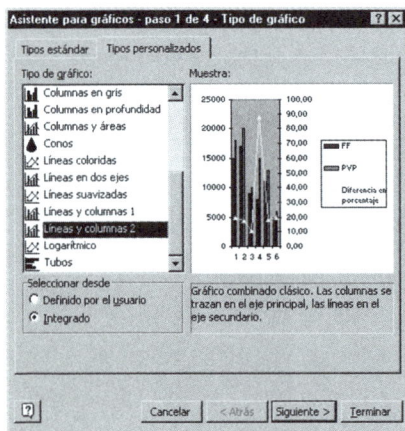

1. Sitúe el indicador de celda en la tabla.

2. Active el *Asistente para gráficos* y cambie a la ficha *Tipos personalizados*.

3. Allí deberá seleccionar el tipo *Líneas y columnas 2*.

4. En los pasos 2 y 3 no debe realizar modificaciones.

5. A continuación, añada el gráfico a una nueva página.

6. El gráfico debe ser ahora así:

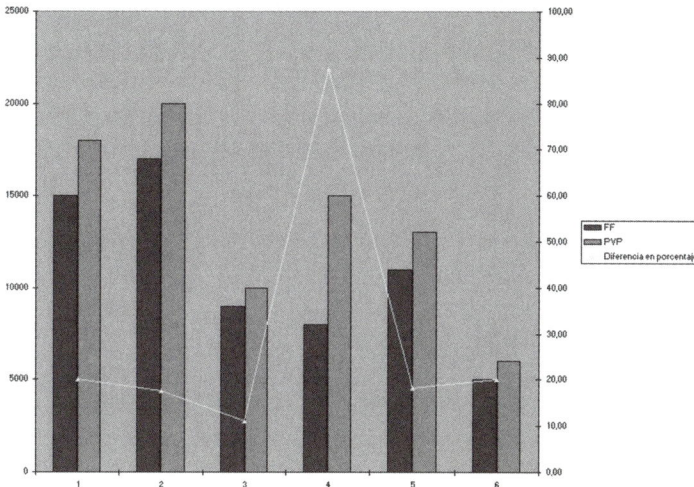

7. Ahora puede ver los dos ejes. El eje izquierdo contiene los valores en pesetas, y el de la derecha los valores porcentuales.

8. Si uno de sus valores fuera, por ejemplo,100%, entonces Excel daría al segundo eje un valor máximo de 120%, y eso, seguramente, no es algo que usted desee. Para modificar esto, pulse dos veces con el ratón sobre el eje derecho.

9. Aparecerá el cuadro de diálogo *Formato de ejes*. Seleccione la ficha *Escala*. Introduzca en el cuadro de texto *Máximo* el valor que desee.

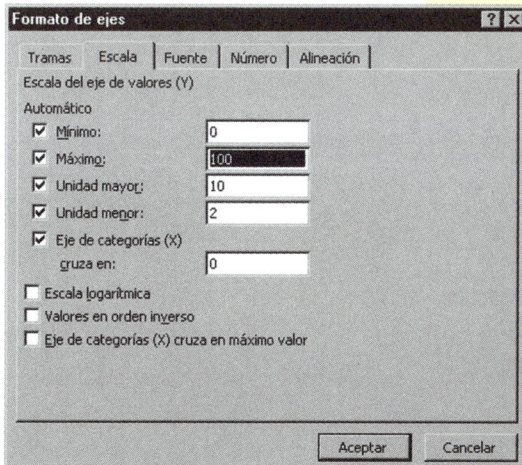

La pestaña *Tipos personalizados*

En esa pestaña se esconden tipos muy interesantes con los que podrá realizar multitud de gráficos diferentes.

Aún debe conseguir que los valores sean representados correctamente en porcentajes. Si cambia a la ficha *Número* y selecciona la opción *Porcentaje* en el cuadro de lista *Categoría* multiplicará sus cifras por 100.

Ahora puede convertir la fórmula que anteriormente había introducido para hallar el porcentaje (la fórmula en D4 ahora debe ser: (C4-B4)/B4, y el campo debe ser de tipo *Porcentaje*). No obstante, recuerde que a veces no es posible introducir el formato porcentual.

En esos casos, ¿Qué se puede hacer? Muy fácil, cree un formato de número personalizado.

Cambie ahora el formato numérico a porcentual

1. Vaya al gráfico y active el menú de los ejes. Pulse la ficha *Número*.

2. Pulse con el ratón sobre la categoría *Personalizada*.

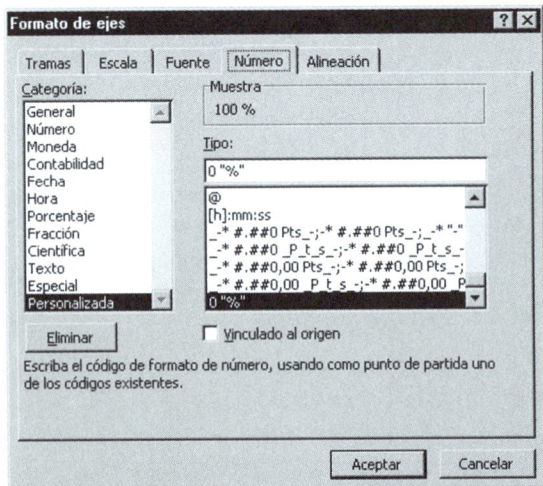

3. Escriba en la fila para el formato *0 "%"*. Es importante que escriba el símbolo de tanto por ciento entre comillas, ya que, de lo contrario, Excel utilizará el formato porcentual, cosa que, en este momento, a usted no le interesa.

4. Ahora puede dar un título al gráfico. Si no lo hace, puede hacerlo más tarde. Tiene dos posibilidades.

5. Puede activar el *Asistente para gráficos* e ir al paso 3 (probablemente, al principio es más fácil)...

6. O puede cambiar a la opción de menú *Gráfico/Opciones de gráfico...*, donde que aparece directamente el tercer paso anteriormente comentado.

El gráfico ya está listo. Vamos ahora al tema siguiente.

Gráficos de pastel

Una forma muy útil de representación de datos es el gráfico circular, también llamado gráfico de pastel.

Vamos a crear un gráfico de este tipo a partir de la siguiente hoja:

	A	B	C
1			
2			
3	*Artículo*	*Precio*	
4	Artículo 1	500	
5	Artículo 2	600	
6	Artículo 3	200	
7	Artículo 4	100	
8	Artículo 5	150	
9	Artículo 6	200	
10	Artículo 7	50	
11	Artículo 8	20	
12	Artículo 9	30	
13	Artículo 10	20	
14			

1. Sitúe de nuevo el indicador de celda en la hoja e inicie el *Asistente para gráficos*.

2. Seleccione el círculo en el cuadro de lista *Tipo de gráfico*. Seleccione el segundo subtipo (*Circular con efecto 3D*).

3. En el tercer paso seleccione la opción *Mostrar porcentaje* dentro del área *Rótulos de datos*.

4. Sitúe este gráfico también en una nueva hoja.

5. Como puede ver, la palabra "Precio" ha sido seleccionada como título automáticamente. Excel lo ha creado a partir de su tabla. El gráfico es ahora así:

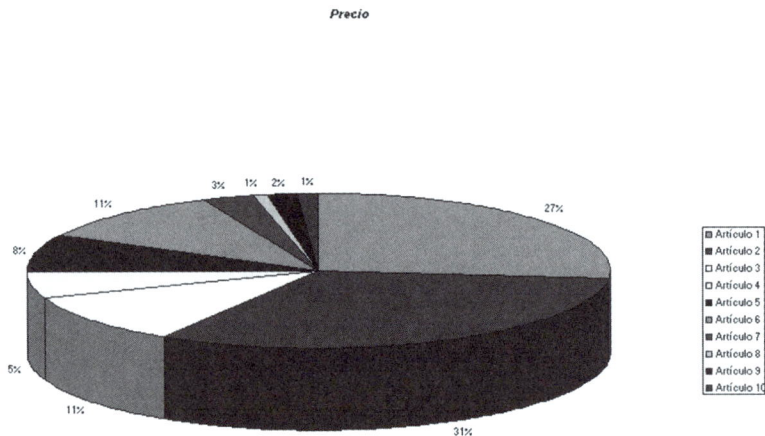

Precio

Separar partes del gráfico de pastel

Quizá ha visto que en el primer paso del *Asistente para gráficos* hay un subtipo en el que se pueden separar partes del círculo. Sin embargo, también puede hacerlo manualmente.

Pulse con el ratón sobre una parte del círculo. Verá que todas las partes han sido seleccionadas. Si mueve una parte, todo el pastel "explota". Si quiere mover sólo una parte del pastel, primero debe seleccionarlo todo y luego pulsar con el ratón sobre la parte que quiere mover. Si esa parte ha sido seleccionada y la mueve, ha sacado una parte del pastel, pero aún puede hacer lo mismo con las otras. Si mueve una parte de nuevo hacia el círculo, ésta volverá a integrarse en él.

Volviendo a nuestro ejemplo. Como puede comprobar, el resultado no es del todo satisfactorio, ya que las cuatro últimas categorías son muy pequeñas comparadas con las otras partes.

Sin embargo, también puede modificar esto, ya que puede seleccionar otro tipo de círculo. Un círculo principal para los valores principales y uno pequeño para los valores menores.

Cree un segundo círculo

1. Cambie al gráfico circular.

2. Seleccione *Gráfico/Tipo de gráfico*.

3. Seleccione el tercer subtipo *Circular con subgráfico circular*.

4. Si confirma con *Aceptar*, el gráfico presenta este aspecto:

Precio

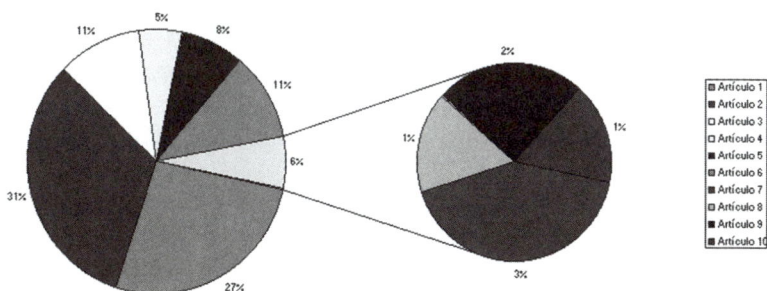

Si observa detenidamente el gráfico, comprobará que la suma del círculo pequeño asciende a un 7%, pero en el círculo grande aparece un 6%. Esto se debe a que los porcentajes aparecen sin dos cifras decimales después de la coma y se produce un redondeo. Seleccione los rótulos de datos pulsando con el ratón sobre un número y pulse el botón derecho del ratón para abrir un menú contextual. En este menú, seleccione la opción *Formato de rótulos de datos*. En este cuadro de diálogo podrá añadir dos cifras decimales modificando el valor del cuadro de texto *Posiciones decimales* en la ficha *Número*.

Como ve, Excel ha buscado los valores adecuados que debían aparecer en el segundo gráfico. Pero, ¿qué sucede si ese no hubiera sido el caso?

También podía efectuar esas modificaciones posteriormente.

Cómo puede decir a Excel qué valores pertenecen al segundo círculo

1. Debe abrir el cuadro de diálogo Formato de serie de datos realizando una doble pulsación sobre el gráfico de pastel – cualquiera de los dos–.

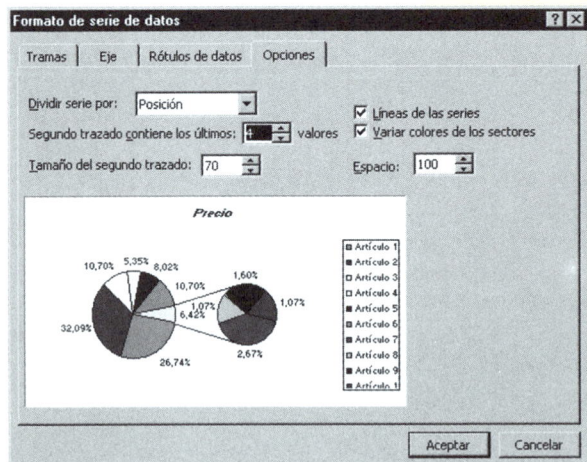

2. Vaya a la ficha *Opciones*.

3. En dicha ficha verá el cuadro de diálogo *Segundo trazado contiene los últimos 4 valores*. Si quiere tener más o menos valores puede modificarlo aquí.

En ese cuadro de diálogo puede modificar totalmente la apariencia de ambos círculos.

Distintas maneras de generar
un mismo gráfico

Ésta es una frase aplicable, fundamentalmente, a las estadísticas, pero si mira los siguientes gráficos, verá que también vale para éstos.

Ambos gráficos, que pueden verse a continuación, se basan en la misma hoja. También las cifras son las mismas, pero los gráficos son distintos.

Es así:

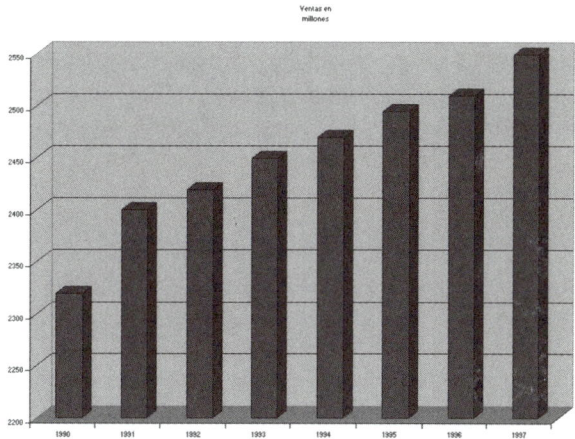

Y luego así:

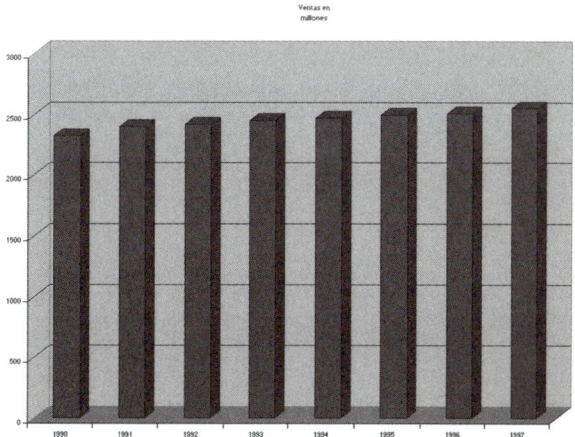

Como puede ver, los efectos son claramente distintos. En el primer gráfico el desarrollo es mucho más positivo que en el segundo.

Eso se debe a los diferentes valores que se toman como punto cero. en el primer gráfico, ese es el valor menor y esa configuración llega de manera automática.

En el segundo gráfico hemos establecido el 0 como principio, y por eso las barras parecen totalmente distintas, Las configuraciones se realizan pulsando con el ratón sobre los ejes y entrando los valores que aparecen en la figura.

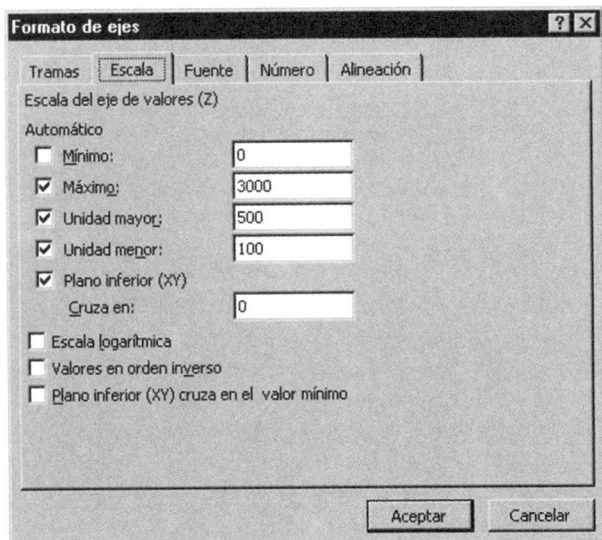

Formato de ejes   ? X

Tramas | Escala | Fuente | Número | Alineación

Escala del eje de valores (Z)

Automático

☐ Mínimo: 0
☑ Máximo: 3000
☑ Unidad mayor: 500
☑ Unidad menor: 100
☑ Plano inferior (XY)
   Cruza en: 0

☐ Escala logarítmica
☐ Valores en orden inverso
☐ Plano inferior (XY) cruza en el valor mínimo

Aceptar   Cancelar

Ahora puede decidir qué forma de representación es mejor para sus intereses.

Sin embargo, a continuación veremos un problema totalmente distinto.

Excel toma el rótulo de una tabla como datos

Así es la hoja:

	A	B
1		
2	**Año**	**Ventas en millones**
3	1990	2320
4	1991	2400
5	1992	2420
6	1993	2450
7	1994	2470
8	1995	2495
9	1996	2510
10	1997	2550
11		

1. Sitúe el indicador de celda en la hoja y active el *Asistente para gráficos*.

2. Seleccione *Columna agrupada con efecto 3D*.

3. Si observa ahora el gráfico en el cuadro de diálogo, puede apreciar que Excel ha elegido los años para una barra, y eso es incorrecto.

4. Vaya a la ficha *Serie* y ahora deberá conseguir que Excel entienda que usted quiere tener la primera serie como rótulo.

5. En *Rótulos del eje de categorías (X)* debe seleccionar los años, concretamente desde A3 hasta A10. Si la hoja está en segundo plano, sólo tiene que seleccionarlos pulsando con el ratón. Verá que el cuadro de diálogo desaparece durante la selección, pero si deja de pulsar el botón del ratón, vuelve a aparecer.

6. Ahora aparecerán los años como descripción, pero la barra aún existe. Pulse con el ratón sobre la lista *Año* y pulse a continuación el botón *Quitar*. Esa serie desaparecerá.

Como hemos dicho, pasa muy a menudo: tiene una serie que no quiere. A partir de ahora ha solucionado ese problema.

Coloque el gráfico como un objeto

A continuación le mostraremos la manera de colocar el gráfico como un objeto en la misma hoja que los datos.

En principio, lo más recomendable es colocar el gráfico en una hoja propia ya que así se puede trabajar de forma más cómoda aunque para algunos usuarios es algo molesto trabajar en una hoja con un gráfico, ya que en la mayoría de casos la presentación es menor.

Sin embargo, con un pequeño truco, eso se puede arreglar. Coloque el gráfico en una nueva hoja. Luego dele el formato que más le guste. Cuando el gráfico esté listo, seleccione la opción *Ubicación...* del menú *Gráfico* y seleccione en el cuadro de lista desplegable *Como objeto en:* la hoja donde debe ir el gráfico. Al seleccionar dicha hoja podrá comprobar como el botón de opción que hay a la izquierda del cuadro de lista desplegable se activa. El gráfico se moverá y usted ya no tendrá que preocuparse por la colocación y la modificación del tamaño.

Cree un gráfico, o utilice uno ya existente. Colóquelo en una hoja como objeto.

Puede efectuar modificaciones en el gráfico si éste está seleccionado. Puede seleccionar un gráfico pulsando con el ratón sobre éste. Si está seleccionado, pueden pasar dos cosas:

1. El gráfico quedará bordeado por ocho tiradores.

2. Aparece la barra de herramientas *Gráfico* para realizar modificaciones.

Modifique el tamaño de un gráfico

Para modificar el tamaño de un gráfico tiene que haberlo seleccionado y luego ir a los puntos que aparecen.

En la figura puede ver un gráfico seleccionado:

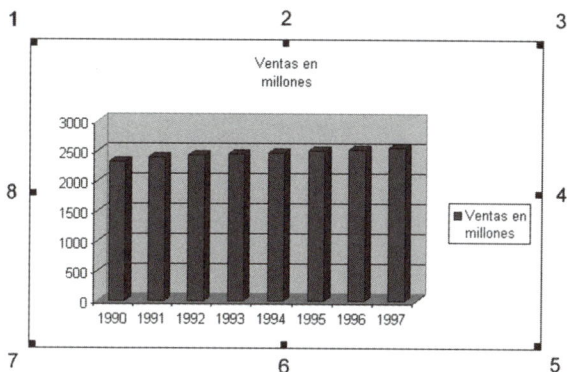

Si va a esos puntos, puede modificar el tamaño. Los número le indican cuándo aparece la flecha.

1. Esta flecha aparece en los puntos 4 y 8. Con ella puede modificar la anchura.

2. Puede ver esta flecha en los puntos 2 y 6. Si la utiliza, modifica la altura del gráfico.

3. Con ésta puede modificar al mismo tiempo altura y anchura del gráfico. La flecha aparece en los puntos 3 y 7.

4. Y aquí está la última flecha. Aparece en 1 y 5 y puede modificar la altura y el anchura simultáneamente.

Si modifica el tamaño, también modificará proporciones del gráfico, y eso, generalmente, no será su intención. Para evitarlo, mantenga pulsada la tecla <Mayús> y podrá modificar el tamaño respetando la proporción.

Movimiento de un gráfico

Lo primero que debe hacer es seleccionar el gráfico. Una vez hecho esto, lo importante es que no seleccione los tiradores, ya que entonces modificaría el gráfico.

Vaya a la superficie blanca del gráfico, concretamente a la parte más exterior. El puntero tiene ahora forma de flecha. Ahora puede mover el gráfico por la pantalla. Si pulsa y mantiene pulsada la tecla <Mayús> el movimiento se limitará a los ejes vertical y horizontal. Fíjese que en este caso el gráfico se mueve con una línea para que pueda ver dónde tiene que colocarlo.

Si deja ahora de pulsar el botón del ratón, el gráfico ya está movido.

Si durante este proceso ha pulsado <Ctrl>, habrá copiado el gráfico.

Exceso de precaución

Si desea modificar el tamaño de un gráfico o bien moverlo, puede orientarse utilizando las líneas de cuadrícula, lo que le permite trabajar con más tranquilidad.

Pero también pueda aprovechar un truco. Mantenga pulsada la tecla <Alt> y el gráfico se orientará hacia las líneas de cuadrícula, tanto si se trata de modificar el tamaño como de mover el gráfico. Lo único realmente importante es mantener pulsada dicha tecla.

Puede modificar el tamaño de todos los componentes de un gráfico. Para ello, sólo debe pulsar con el ratón y arrastrar hasta modificar el tamaño. Sin embargo, los resultados son a menudo bastante extraños.

Puede suceder que al ver los ejemplos anteriores crea que debe trabajar muy meticulosamente con los gráficos, pero tal y como hemos comentado, si quiere modificar alguna cosa sólo debe realizar una doble pulsación sobre el elemento en cuestión y aparecerá el cuadro de diálogo mostrándole todas las modificaciones posibles.

8. Una imagen vale más que mil palabras

Si quiere ver cada una de las posibilidades, también podrá comprobar que con la nueva versión le será posible trabajar con pirámides y conos, entre otras formas. Mire las diferentes posibilidades y podrá decidir si en lugar de un gráfico de barras le irá mejor trabajar con uno de pirámides, cosa que no influirá en los datos de su hoja, ya que se mantiene el mismo principio de representación.

9. En caso de emergencia

A continuación, veremos algunos errores que siempre suceden y sobre los que no se sabe con exactitud como eliminar. Por otra parte, también veremos diferentes trucos que le facilitan enormemente el trabajo con Excel.

Valores de error en las celdas

Eso son mensajes de error que pueden aparecer en una celda.

#######

Este mensaje de error aparece como debido a que la columna es demasiado pequeña para la cifra que se encuentra en ella o porque se ha intentado realizar algún cálculo numérico utilizando caracteres. El mensaje aparece sólo cuando se trata de un cálculo número y nunca con un texto (que aparecería cortado). Aumente la anchura de la columna para que el número sea visible.

#¡REF!

Ese mensaje aparece si existe fórmula en una celda inexistente debido a que ha sido borrada, aunque no aparecerá si ha borrado el contenido de una celda utilizando la tecla <Supr>, sino cuando haya borrado, por ejemplo, toda una fila o columna. Intente deshacer el proceso que ha causado la aparición del mensaje. Si no funciona, deberá crear de nuevo la fórmula.

#¡DIV/0!

Aparecerá si quiere efectuar una división por cero en una celda, algo imposible matemáticamente hablando. También puede ocurrir que, por ejemplo, falten los números en una tabla, pero ya exista una fórmula. Puede evitarlo utilizando una estructura condicional en la que establezca que si la celda está vacía, se introduzca un espacio en blanco en la celda, si no, debe calcularse la fórmula.

#¿NOMBRE?

Excel permite la posibilidad de trabajar con nombres de rango, algo que no trataremos en este libro. La aparición de este mensaje le indica que Excel no reconoce, en esa celda, el nombre de rango con el que debe trabajar. Eso también le puede pasar si, por ejemplo, en una función escribe "Numro" en lugar de "Número". Excel no lo reconoce como función y supone que quiere trabajar con un nombre, pero, como no lo conoce, el programa "protesta".

#N/A

Si trabaja con funciones, es posible que aparezca este mensaje. Significa "No hay un valor disponible" (**N**ot **A**vailable). Con las funciones que le hemos descrito, este error no puede aparecer, aunque si cuando se trata de funciones de referencia.

#¡VALOR!

Este valor de error aparece si toma una referencia de una celda a otra en la que no ha introducido un número. Puede pasar, por ejemplo, que establezca una referencia a una celda en la que sólo haya un espacio en blanco, o bien un número que Excel no interprete como tal. Si entra, por ejemplo, "5pts", aunque esté alineado a la derecha, no hay ninguna diferencia respecto a un número y Excel lo sigue considerando como entrada de texto.

Sólo ha borrado una celda pero los resultados ya no se corresponden

Observe la diferencia entre estas dos hojas:

	A	B	C	D
1				
2	**Nombre**	**Deporte**	**Sexo**	**Activo**
3	Ares, Blanca	Baloncesto	Mujer	Sí
4	Becker, Boris	Tenis	Hombre	Sí
5	Butragueño, Emilio	Fútbol	Hombre	No
6	Cacho, Fermín	Atletismo	Hombre	Sí
7	Cruyff, Johan	Fútbol	Hombre	No
8	Fernández-Ochoa, Blanca	Esquí	Mujer	No
9	Graf, Steffi	Tenis	Mujer	Sí
10	Herreros, Alberto	Baloncesto	Hombre	Sí
11	Indurain, Miguel	Ciclismo	Hombre	No
12				
13				
14	**Nombre**	**Deporte**	**Sexo**	**Activo**
15	Ares, Blanca	Baloncesto	Mujer	Sí
16	Becker, Boris	Tenis	Hombre	Sí
17	Butragueño, Emilio	Atletismo	Hombre	No
18	Cacho, Fermín	Fútbol	Hombre	Sí
19	Cruyff, Johan	Esquí	Hombre	No
20	Fernández-Ochoa, Blanca	Tenis	Mujer	No
21	Graf, Steffi	Baloncesto	Mujer	Sí
22	Herreros, Alberto	Ciclismo	Hombre	Sí
23	Indurain, Miguel		Hombre	No
24				
25				

Ambas son casi idénticas, pero en la segunda hemos eliminado una celda.

Después de borrar esta celda, la hoja presenta un aspecto diferente. El resultado es desastroso. En la hoja interior el error es visible, pero si la tabla tuviera 150 filas, sólo se apreciaría el resultado al ir al final de la tabla o si conociera bien todos los datos (como en el ejemplo, pero que es algo casi imposible en una hoja bastante grande).

Lo que ha sucedido es que no hemos borrado toda la fila sino, únicamente, la celda B17, lo que ha provocado que se hayan movido los datos inferiores de la columna B hacia arriba. Por este motivo, le aconsejamos que lea cuidadosamente los cuadros de advertencia que aparecen –generalmente no se hace– para evitar problemas posteriores.

Si le ocurre a menudo, lea bien el artículo en el que le explicamos cómo se borran las filas y las columnas.

Introducción de cifras erróneas en las sumas

Observe la siguiente hoja:

	A	B	C	D
1				
2				
3	Producto	1997	1998	Total
4	Artículo 1	250.124	275.136	525.874
5	Artículo 2	874.251	961.676	1.835.927
6	Artículo 3	624.214	686.635	1.310.547
7	Artículo 4	854.632	587.214	1.792.547
8	Total	2.605.218	2.510.661	5.464.895
9				

A primera vista no se aprecia ningún error, Sin embargo, si observa detenidamente la suma de la celda B8, verá que va de B3 a B8 y no de B4 hasta B7 (se ha incluido accidentalmente el año en la suma).

Fíjese en cantidad que Excel presenta como total. La propuesta del programa no siempre es la correcta, ya que Excel considera el año como un número y lo incluye en la suma, de forma totalmente automática.

No es muy probable que ese error se advierta si se trabaja con valores muy altos, aunque si sólo trabaja con cifras bajas, sí que es probable que lo vea inmediatamente.

Aquí tiene otro aviso: compruebe siempre las áreas que Excel ha propuesto en para la suma.

El título siempre desaparece de las hojas

Veamos a continuación una de las funciones más importantes de Excel: la inmovilización de ventana.

¿En qué consiste exactamente esta función?

Cree una hoja muy larga. Cuando vaya a la parte inferior de la hoja, como es normal, desaparecerán los títulos superiores, ya que esos se mueven automáticamente hacia arriba.

Lo mismo pasa si se mueve hacia la derecha: los primeros títulos de columna desaparecen.

Quizá le moleste tener que buscar un número o una determinada entrada y tener que ir siempre hacia arriba para saber de qué columna y fila se trata para luego tener que volver a esa celda. Para agilizar este proceso, Excel pone a su disposición la función *Inmovilizar paneles*.

	A	B	C	D	E	F	G	H	I	
3	GEONOMBRE	POB_TOT	POB_TOT_MASC	POB_TOT_FEM	POB_0_14	POB_15_64	POB_MAS_65	MASC_0_14	MASC_15_64	MASC
4	Afganistán	15513267	7962397	7550870	7146575	7791404	575288	3610630	4014894	
5	Albania	1626315	835294	791021	1626315			835294		
6	Alemania	79364504	38276256	41088248	12763964	54728502	11872038	6551692	27723331	
7	Andorra	61599	32735	28864	10037	45559	6003	5189	24492	
8	Angola	4830449	2459015	2371434	2011378	2689498	124757	1036710	1351623	
9	Anguilla	9200								
10	Antigua y Barbuda	64794	30589	34205	28523	32878	3270	14270	15212	
11	Arabia Saudi	17119000								
12	Argelia	22600957	11425492	11175465	9946100	11758841	893159	5087856	5894449	
13	Argentina	32712930	16190719	16522211	9792831	19944106	2975993	4970242	9959207	
14	Armenia	3611700	1751600	1860100	1100700	2294400	216700	564300	1104100	
15	Aruba (Hol.)	66687	32821	33866	16262	45567	4720	8451	22275	
16	Australia	17661468	8797423	8864045	3831140	11769378	2060950	1965873	5941938	
17	Austria	7914127	3795129	4088515	1381401	5302438	1199805	710635	2662039	
18	Azerbaiyán	7021178	3423793	3597385	2302009	4384854	334218	1182093	2131224	
19	Azores (Port.)	236000	744	280						
20	Bahamas	264175	128939	135236	84956	166720	12499	42873	80932	
21	Bahrein	520653	301659	218994	164849	344117	11687	84620	210775	
22	Bangladesh	109291000	56381000	52910000	47854000	61437000		24366000	32015000	
23	Barbados	255200	122300	132900	63129	163024	29047	31759	78506	
24	Bélgica	9967378	4870392	5096986	1806216	6673792	1487370	925204	3358123	
25	Belice	205000	104000	101000	89999	106293	8708	45711	54049	
26	Benin	4304000	2086000	2218000	2005000	2193000	106000	992000	1045000	
27	Bermudas	61220	29840	31380	12090	43300	5830	6130	21350	
28	Bielorrusia	10222649	4794617	5428032	2350189	6755801	1116659	1198479	3257102	
29	Bolivia	6420792	3171265	3249527	2648208	3478795	272933	1342846	1691836	
30	Bosnia-Herzegovina	3707000								

Tabla de contenido / Proveedores de datos \ Mundo / Europa / México / España / EE.UU. / Canadá /

Listo

En este caso se trata de la celda B4. Situamos el indicador de celda y seleccionamos *Ventana/Inmovilizar paneles*. Si lo ha hecho así, aparecerá una línea (sí trabaja con marcos, puede suceder que la línea no se vea muy bien).

Si ahora va hacia abajo con las flechas, podrá ver, en adelante, el título, y si va hacia la derecha verá los artículos –se inmoviliza las celdas que están situadas a la izquierda y arriba de la celda seleccionada–. Mire la figura de arriba, en la que la última fila visible es la 28, y la última columna es la I.

Si quiere ir hacia arriba o hacia la derecha sin inmovilización, los títulos desaparecerán, pero con la inmovilización, el resultado es el siguiente:

A	H	I	J	K	L	M	N	O	P
3 GEONOMBRE	MASC 0 14	MASC 15 64	MASC 65 PL	FEM 0 1	FEM 15	FEM 65	POB_URBAN	POB_RURAL	POB_URB_MAS
24 Bélgica	925204	3358123	587065	881012	3315669	900305			
25 Belice	45711	54049	4240	44288	52244	4468			
26 Benin	992000	1045000	49000	1013000	1148000	57000	1386000	2918000	70100
27 Bermudas	6130	21350	2360	5960	21950	3470			
28 Bielorrusia	1198479	3257102	339036	1151710	3498699	777623	6879333	3343316	325719
29 Bolivia	1342846	1691836	124975	1305362	1786959	147958	3694846	2725946	179344
30 Bosnia-Herzegovina									
31 Botswana	280437	312098	27904	287033	358671	34657			
32 Brasil	26648000	45039000	3305000	26330000	45353000	3692000	112743000	37624000	5542400
33 Brunei	47600	89900	3800	44700	78200	3600			
34 Bulgaria	942151	2980296	512827	895139	3005782	654546	6097047	2893694	300484
35 Burkina Faso	2276272	2174784		2224924	2391422		1287285	7903506	64228
36 Burundi	1223468	1245307	98468	1234772	1371105	110062			
37 Bután									
38 Cabo Verde	76857	76289	8348	76666	91822	11509	150599	190892	7189
39 Camboya	1332565	1504903	71670	1304513	1527081	75737			
40 Camerún	2365735	2667264	179484	2351071	2674973	207882	2937165	7509244	152275
41 Canadá	2938982	9229537	1346600	2795003	9219248	1879528			
42 Chad	1251000	1682000		1273000	1892000				
43 Chile	2114046	4261329	341457	2042666	4345104	494836	11573878	2025561	561701
44 China	162863598	390295692	28661117	150138256	364219700	34332275	296145180	834365458	15417845
45 Chipre	98900	231000	32100	92200	230500	40300			
46 Ciudad del Vaticano (S									
47 Colombia	5107311	8149453	520936	4933726	8556777	569729	18713553	9124379	892754
48 Comores	81102	77873	7363	77024	83502	7101	78106	257044	3884
49 Congo	427003	470378	27591	452142	515461	33652			
50 Corea del Norte	5653647	15473943	851087	5178739	15073674	1432315			

Tabla de contenido / Proveedores de datos \ Mundo / Europa / México / España / EE.UU. / Canadá /

Listo

Al inmovilizar debe tener en cuenta dos cosas muy importantes: el indicador de celda debe estar correctamente situado, es decir, debajo y a la derecha, junto a la parte que debe ser inmovilizada, que pueden ser varias columnas o filas, el número no importa.

La segunda cuestión es decidir si quiere ver títulos que se encuentren sobre el área superior, encima de la hoja. A menudo, existe información en la hoja que no tiene nada que ver con la entrada de datos de esa hoja. Por eso es importante colocar el título adecuado arriba (como en la figura superior, ya que la fila 1 tampoco es la primera fila de la pantalla).

Active entonces la inmovilización. Sin embargo, si quiere ir a la parte superior, con la opción *Inmovilizar paneles* activada no podrá hacerlo. Si realmente quiere ir hacia arriba, seleccione la opción *Movilizar paneles* del menú *Ventana*.

La barra de herramientas Estándar ha desaparecido

Otro problema que aparece a menudo es la extraña desaparición de la barra de herramientas *Estándar*. Este problema en realidad es doble ya que, por una parte, no sabe cómo la ha borrado y, por otra, tampoco sabe como recuperarla. A continuación le explicaremos como recuperarla.

1. Dirija el puntero del ratón a la barra de herramientas.

2. Pulse el botón derecho del ratón.

3. Aparecerá un menú contextual en el que podrá ver qué barras están activadas y cuáles no. Las barra *Estándar* y *Formato* están activadas por defecto al instalar Excel.

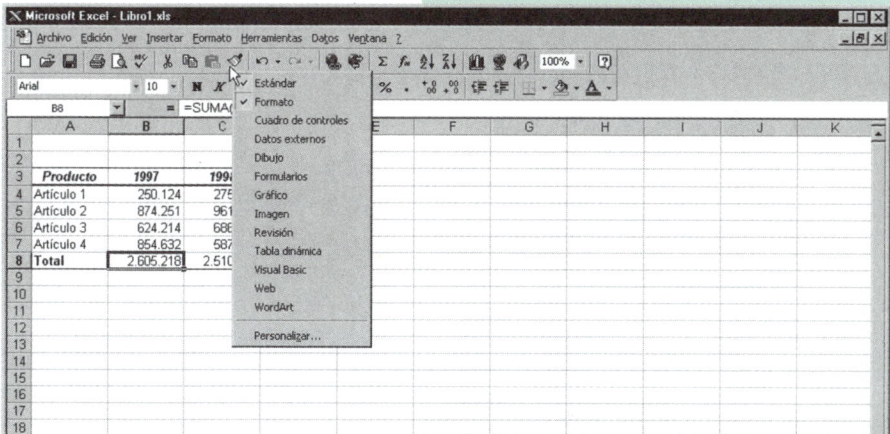

4. Si por alguna razón ha perdido la barra de herramientas *Estándar*, sobre la opción del menú contextual no aparecerá marcada. Pulse con el ratón sobre *Estándar* e inmediatamente aparecerá dicha barra.

Sin embargo, la barra puede tener este aspecto:

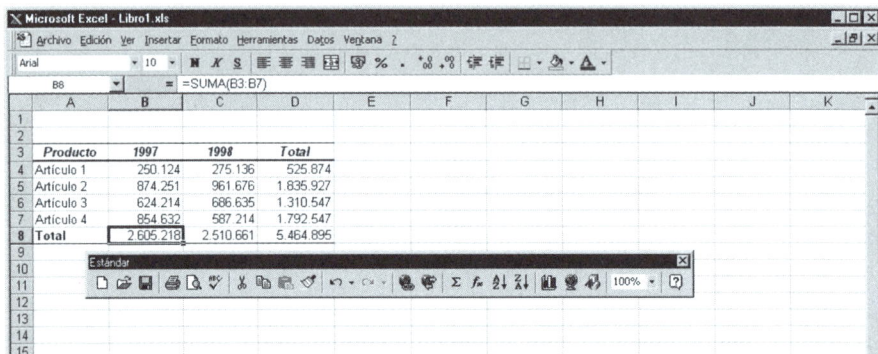

Pulse con el botón izquierdo del ratón sobre la barra de título y desplace la barra de herramientas Estándar hacia su posición habitual. Encima de la barra *Formato*. Verá que la barra, de repente, "saltará" sobre la otra.

Cómo crear sumas a partir de sumas parciales

A menudo sucede que tiene una hoja con varias sumas parciales y quiere realizar una suma total.

Aquí tiene una hoja de ejemplo:

	A	B	C	D
1				
2				
3		Comercial 1	Comercial 2	Comercial 3
4	**1er Trimestre**			
5	Artículo 1	435	501	567
6	Artículo 2	626	700	774
7	Artículo 3	817	899	981
8	Subtotal	1.878	2.100	2.322
9	**2º Trimestre**			
10	Artículo 1	895	1.002	1.109
11	Artículo 2	1.005	1.500	1.995
12	Artículo 3	1.115	1.998	2.881
13	Subtotal	3.015	4.500	5.985
14	**3er Trimestre**			
15	Artículo 1	687	784	881
16	Artículo 2	984	1.542	2.100
17	Artículo 3	1.281	2.300	3.319
18	Subtotal	2.952	4.626	6.300
19	Total			
20				

Como puede ver, aparecen tres sumas parciales pero falta la suma de estas tres sumas parciales.

1. Seleccione la tabla desde B5 hasta E19.

2. Pulse con el ratón sobre el botón de suma.

3. Aquí están sus sumas. Si ahora mira la celda B18, verá la siguiente fórmula =SUMA(B18;B13;B8).

Excel ha reconocido automáticamente que en el área marcada había sumas. Eso ha sido el aviso para el programa de que usted sólo quiere incluir las sumas parciales.

Si quiere tener de nuevo una suma, también funciona con toda normalidad mediante el botón de sumas, aunque después debe adaptar manualmente el área.

Cómo sumar un número a determinados números

Imagine que tiene una hoja en la que se encuentra una lista de precios. Sus superiores le dicen que todos los precios han de tener un aumento de 50 Pts.

Debe aumentar dicha cantidad en todos los precios. A continuación, le mostraremos una manera rápida de hacerlo.

	A	B	C	D
1				
2				
3	**Artículo**	**Precio**		50
4	Artículo 1	100		
5	Artículo 2	120		
6	Artículo 3	854		
7	Artículo 4	321		
8	Artículo 5	254		
9	Artículo 6	124		
10	Artículo 7	364		
11				

1. Escriba en cualquier celda el número que debe sumarse.

2. Sitúe el indicador en aquella celda y cópiela.

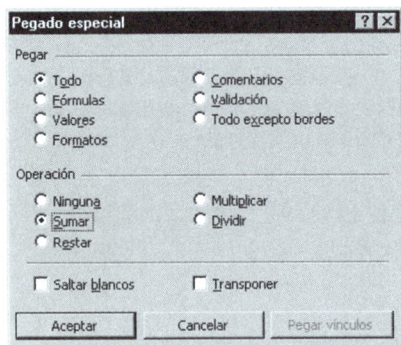

3. Seleccione las celdas a las que se debe sumar 50. En el ejemplo anterior son las comprendidas desde B4 hasta B10.

4. Ahora seleccione *Edición/Pegado especial...*

5. A continuación, pulse con el ratón sobre la casilla de selección *Sumar* y luego sobre el botón *Aceptar*:

6. Se efectuará el cálculo con esas cifras. Ahora sólo le falta interrumpir el proceso de copia con <Esc> y borrar el 50.

Pegado especial

Pegar
- Todo
- Fórmulas
- Valores
- Formatos
- Comentarios
- Validación
- Todo excepto bordes

Operación
- Ninguna
- Sumar
- Restar
- Multiplicar
- Dividir

- Saltar blancos
- Transponer

Aceptar | Cancelar | Pegar vínculos

Si mira el contenido de las celdas, comprobará que no se ha establecido ningún vínculo, sino que sólo se ha sumado 50 a todas ellas.

Puede hacer lo mismo, por ejemplo, para comprobar que debe convertir una cifra en un porcentaje. Si en un campo tiene el número 30 y le da formato porcentual, verá que el resultado es de 3000% (recuerde que Excel multiplica siempre por 100). Sin embargo también puede conseguir lo siguiente: tiene 30% en una celda y le da formato decimal. El resultado será de 0.30. Aquí también tendrá la ayuda de esta función. O multiplica por 100, o divide por 100. Los dos sistemas, según el formato de cada uno, llegan a conseguir el objetivo.

Excel como procesador de texto

Si utiliza Excel como procesador de texto necesita esta sencilla función que se encuentra en *Edición/Rellenar/Ordenar alineado*.

Ordenar alineado

Si escribe un texto largo en Excel, enseguida se dará cuenta que este programa no es un procesador de texto. Cuando debe introducir un texto en Excel debe tener precaución ya que este programa no está diseñado para ello. Pero hay una función que hace más fácil la entrada de texto. Escriba el texto en la celda A1.

Es importante que el texto sea muy largo y ocupe varias filas. Interrumpa la fila con <Enter>. Esa celda debe ser repartida entre las columnas A y E.

1. Seleccione desde A1 hasta E7. El área podría ir también hasta E12. Lo importante es que el área sea, como mínimo, tan grane como el texto que ha de ser introducido, pero no más largo.

2. Ahora seleccione *Edición/Rellenar/ Justificar.*

3. Excel ya ha colocado el texto en las celdas. El texto está dividido y correctamente repartido.

	A	B	C	D	E
1	Este es un ejemplo de texto en Excel que sobrepasa la anchura de				
2	la celda en el que se encuentra contenido el texto. En este ejemplo				
3	concreto los saltos de línea se realizan mediante la combinación de				
4	teclas <Alt>+<Enter>.				
5					

4. Si debe efectuar modificaciones y el texto debe ser nuevamente repartido, no tendrá ningún problema.

5. Seleccione todo el texto. Lo importante es que seleccione hasta la última columna en la que debe colocarse el texto y que seleccione las suficientes celdas vacías.

6. Utilice de nuevo la opción *Justificar* dentro del submenú *Rellenar* del menú *Edición*.

Con ese sencillo comando también es posible convertir a Excel un pequeño procesador de texto.

Anchura de columna óptima con títulos largos

A menudo ocurre que modificamos la anchura de las columnas hasta conseguir el tamaño óptimo, pero eso no funciona cuando éstas tienen algún título más largo que el tamaño de la entrada más ancha.

Sin embargo, esto puede solucionarse, de manera sencilla, moviendo su título.

1. Supongamos que en la celda A3 tiene un título que es mucho más largo que el resto de la columna A.

2. Mueva mediante *Arrastrar y colocar* el título a la celda B3.

3. Modifique el ancho de columna hasta conseguir el tamaño óptimo.

4. Mueva el título de nuevo a A3. El problema ya está resuelto.

Quizá no lo va a necesitar mucho, pero si trabaja con hojas muy grandes estará agradecido.

Símbolos

A

B

E

F

H

I

M

N

T

V